Wie Du Deinen Partner zum BABY machst! –
Ein Ratgeber für Frauen

Englischer Originaltitel: A Woman's Guide to Babying Her Partner

Autor: Gwendoline Summers

Redakteure: Rosalie Bent, Michael Bent, Maggie Joyce, Evelyn Hughes

Herausgeber: AB Discovery

Übersetzung: Joe Kerner

© 2021

www.abdiscovery.com.au

Andere Bücher von AB Discovery in Deutsch

Kaffee mit Rosie
Windelerziehung und Dominanz

Weitere Bücher von AB Discovery in Englisch

There's still a baby in my bed!
So, Your teenager is wearing diapers!
Where Big Babies Live
Home Detention
Adult Babies: Psychology and Practices
Coffee with Rosie
Being an Adult Baby
The Three Chambers
A Brother for Samantha
Mummy's Diary
The Hypnotist
Chosen
The Snoop
The Washing Line
My Baby Callum
A Baby for Felicity
The Regression of Baby Noah
A Baby for Melissa and her Mother
Baby Solutions

Discharged into Infancy
The English Baby
A Mother's Love
The Psychiatrist and her Patient
The Reluctant Baby
The Book Club Baby
The Rehab Regression
The Daycare Regression
The Aeviternity Gateway
A Woman's Guide to Babying Her Partner
The ABC of Baby Women
Overlapping Stains
The Babies and Bedwetters of Baker St
The Bedwetter's Travel Guide
Me, Myself, Christine
The Joy of Bedwetting
Diaper Discipline and Dominance
The Adult Baby Identity – coming out as ABDL
The Adult Baby Identity – Healing Childhood Wounds
Living with Chrissie – my life as an Adult Baby
The Adult Baby Identity – a self-help guide
The Adult Baby Identity – the dissociation spectrum
Six Misfits
Six Misfits – A man and his dog
The Six Misfits – the seventh misfit
Becoming Me – The Journey of Self-acceptance
The Epitome of Love
Australian Baby: a life of nappies, bottles and struggles
Fear and Joy: a life in and out of nappies
The Fulltime, Permanent Adult Infant

Ein Ratgeber für Frauen

Wie Du Deinen Partner zum BABY machst!

von
Gwendoline Summers

Inhalt

Vorwort

Ich war berührt, als ich gebeten wurde, ein Vorwort zu Gwendolines erstem Buch zu schreiben. Ich weiß aus eigener Erfahrung wie es ist, ein Buch zu schreiben und vor allem, sein Inneres in den Worten auf den Seiten zu offenbaren. Als ich ihren ersten Entwurf las, war ich fasziniert von einer weiteren Frau, die über ihren eigenen „Baby-Ehemann" schreibt, aber unter ganz anderen Umständen. Ihr Baby ist sehr viel anders als mein eigenes und doch sind beide Babys. Meines ist ein Sissy-Baby - Amanda - und ihres ist, in ihren eigenen Worten, „irgendein" Baby und nur manchmal auch ein kleines Mädchen. Was mir das sagt ist, dass eine unendliche Vielfalt an Erfahrungen auf Adult Babys und ihre Partner wartet, wenn Du Dich dafür entscheidest, diesen Weg zu gehen.

Was mich am meisten faszinierte, war die große Menge an Erfahrungen bezüglich des *Babyseins*. Während es normalerweise auf diejenigen beschränkt ist, die bereits ein Adult Baby sind, versucht Gwendoline auch Frauen anzuleiten, wie sie das *Babysein* aus *jedem* Partner herausholen können - ob AB oder nicht. Ich fand das faszinierend und besonders, als sie den Gedanken aufstellte, dass es da draußen vielleicht noch viel mehr Erwachsenenbabys gibt, die nur darauf warten, geweckt und in Windeln und ein Kinderbettchen gesteckt zu werden! Der Gedanke ist einfach unglaublich!

Ich habe ihren Humor genossen und die Art und Weise, wie sie einen Plan aufstellte und gleichzeitig verstand, dass kein Plan jemals so funktioniert, wie wir es uns wünschen. Im menschlichem Verhalten sind auf Sachkenntnisse gestützte Vermutungen das Beste, was wir erhalten können, aber wir können eine Menge Spaß haben und auf dieser Reise viel über uns selbst lernen.

Genieße die „Babyreise" Deines Partners!

Evelyn Hughes

Schriftstellerin und AB-Mutter

Einführung

Hier möchte ich mich vorstellen. Erstens ist mein richtiger Name *nicht* Gwendoline, was ein ziemlich altmodischer Name ist, und ich bin glücklicherweise erst mittleren Alters, nicht. Ich wählte das Pseudonym *Gwendoline* als Hommage an meine Tante, eine echte Gwendoline. Ironischerweise war sie ganz und gar nicht so, wie der Name vermuten lässt - eine altmodische, überkonservative Jungfer. Sie war das Gegenteil davon, in fast jeder erdenklichen Hinsicht.

Tante Gwen, wie ich sie nannte, hat in der Tat nie geheiratet. Sie lebte jedoch, entgegen der Moral ihrer Zeit, mit mehreren Herren zusammen und hatte viele andere Liebhaber. Außerdem war sie Pilotin und hatte eine Vorliebe für Rennwagen, von denen sie sogar einige besaß. Immer wenn ich den Begriff "Rennfahrerin" höre, muss ich schmunzeln, wenn ich daran denke, wie sie ein paar Mal die Männer geschlagen hat und dabei immer makellos aussah, die Haare an Ort und Stelle und das Make-up nicht verschmiert.

Diese Frau war mein Vorbild, und obwohl ich weder ein Flugzeug fliegen noch Autorennen fahren kann und meine Liste der Liebhaber recht kurz ist (äh... zwei!), lehrte sie mich, anders zu sein, zu erforschen und mir von der Gesellschaft nicht vorschreiben zu lassen, was ich tun kann und was nicht. In ihren späteren Jahren erzählte ich ihr, dass mein Mann manchmal Windeln trägt und "ein bisschen wie ein Baby" ist. Obwohl sie von solchen Dingen nichts wusste, lächelte sie nur und sagte mir, ich solle es "genießen". Es gab kein Urteil oder Intoleranz. Sie war ihrer Zeit immer weit voraus!

Und in der Tat, ich habe es genossen. Anstatt zu tolerieren oder zu ignorieren oder so zu tun, als ob, habe ich alles mit offenen Armen empfangen. Windeln, Babysitten, Füttern und alles, was dazu gehört.

Ich habe ein Erwachsenenbaby, das bei mir lebt und das ich in erheblichem Maße wie ein Kleinkind behandle. Aber das ist nicht der Grund, warum ich dieses Buch schreibe. Andere haben ähnliche Bücher über ihre eigenen Adult Babys geschrieben. Was ich tue, ist eine Fibel zu schreiben, eine Gebrauchsanweisung, für diejenigen unter Euch, die "babyhafte" Partner haben oder sogar für diejenigen, die (noch) keinen haben.

Jede Frau kann davon profitieren und es genießen, ihren Partner wie ein Baby zu behandeln. Viele von Euch werden es selbst feststellen, dass es nichts Seltsames ist, das sie aufdrängen, sondern eher ein Aspekt der Wahrheit – was Euer Partner ist und immer war... **ein Baby.**

Kapitel 1: Warum?

Warum solltest Du Deinen Mann als Baby haben wollen?
Nun, lass uns zunächst einmal definieren, was wir meinen. „Babying" [sinngemäß: jemand als Baby behandeln] ist eine Handlung, ein Verb. „Baby" ist ein Substantiv, eine Person. Der Unterschied ist signifikant. Lass mich das erklären.

Die Handlung *Babying* an sich bedeutet babyähnlicher Pflege und Fürsorge für eine andere Person. Dabei handelt es sich in der Regel um einen richtigen Säugling, aber das muss nicht sein. Du kannst auch die Windeln eines Erwachsenen oder eines Babys wechseln, Du kannst einem Erwachsenen oder einem Säugling die Flasche geben oder ihn stillen. Sowohl Erwachsene als auch Säuglinge können einen Schnuller benutzen, in einem Bettchen schlafen, krabbeln und Babykleidung tragen. Babysitten ist eine Handlung, die auf jeden zutreffen kann. Es ist nicht auf ein bestimmtes Alter oder Geschlecht beschränkt.

Wichtig ist jedoch und daran musst Du Dich immer erinnern: Wenn Du einen Erwachsenen babysittest, ist dieser Erwachsene kein tatsächliches Baby. Damit meine ich auch, dass der Erwachsene nicht das sein muss, was wir ein Adult Baby nennen. Um mich hier kurz zu fassen, beschreibe ich ein Adult Baby als jemanden, der <u>sich</u> zumindest zum Teil selbst als Baby identifiziert. Die inneren Emotionen und Triebe lassen sie denken, dass sie sowohl ein Erwachsener als auch ein Baby sind.

Der Punkt hier ist, dass eine Person, also ein Erwachsener, entweder ein vollwertiger Erwachsener oder teils Erwachsener und teils Kleinkind sein kann und dennoch beide effektiv und glücklich als Baby behandelt werden können.

Um zusammenzufassen, was ich zu sagen versuche:

Dein Partner muss überhaupt kein Adult Baby oder ein Windelliebhaber sein, damit Du ihn babysitten kannst.

Es hilft, ist aber nicht notwendig. Fast jeder Erwachsene
kann erfolgreich als Baby behandelt werden.

Überrascht Dich das?

Ich kann mir vorstellen, dass die meisten Erstleser dieses Buches selbst Adult Babys sind, gefolgt von Partnern von AB's, die eine Anleitung suchen, was sie für ihren infantilen Partner tun können. Aber es gibt noch eine weitere Person, für die dieses Buch eine Fibel und ein Leitfaden ist.

Ich schreibe auch für die Ehefrau/Freundin/Partnerin eines Mannes, der **kein** Adult Baby ist. Für die Frau, deren Partner **keine** Windeln trägt oder sich heimlich wünscht, wieder ein Baby zu sein. Auch diese Männer kannst Du als „Baby" haben!

Nur eine Randbemerkung: Einige von Euch werden sich vielleicht fragen, ob dieses Buch für Männer ist, die ihre Ehefrauen babysitten. Die kurze Antwort ist, eigentlich nein. Der Grund ist einfach. Männer und Frauen sind unterschiedlich in ihrer Art zu denken, zu handeln, zu reagieren und zu begehren. Ein kluger Kopf hat mal behauptet, dass Männer und Frauen so unterschiedlich sind, dass sie vielleicht sogar verschiedene Spezies sind! Aber Spaß beiseite, Männer reagieren auf fast jeder Ebene ganz anders als Frauen. Und beim *Babysein* ist das nicht anders. Natürlich kann man auch eine Frau babysitten, aber der Prozess ist ein anderer, auch wenn das Ziel gleich ist.

Normalerweise würde man annehmen, dass die Zielgruppe, für ein Buch wie dieses, Frauen mit AB-Partnern sind. Die Wahrheit ist, dass der eigentliche Markt jede Frau in jeder Beziehung ist. Alle Männer haben einen gewissen Babyanteil in sich.

Wie bitte? Haben Sie gerade gesagt, dass alle Männer Babys sind?

Nein, das habe ich überhaupt nicht gesagt. Vielmehr habe ich gesagt, dass in allen Männern ein Babyanteil steckt. Das heißt, dass jeder Mann ein gewisses Maß an infantilem Verhalten und Denken hat, das von ganz klein bis ganz groß reicht, aber bei allen Männern gleich vorhanden ist. Nur der Grad des *Babyseins* variiert. Diese weiterführende Diskussion ist so zu verstehen, dass sie alle Männer beschreibt, nicht nur Adult Babys. Auf sie werden wir später noch zu sprechen kommen und sie in die Diskussion einbeziehen.

Babysein bei Männern

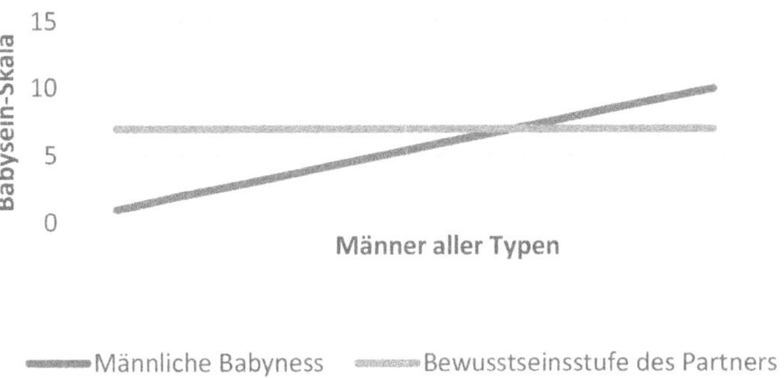

In diesem Diagramm (und ich liebe Diagramme) haben wir eine blaue Linie, die das Niveau des *intrinsischen Babyseins* in einem Mann zeigt. Jeder Mann ist natürlich anders, und auf der linken Seite zeigt sie ein Niveau von 1 von 10. 1 ist die niedrigste Stufe des Babysein, die es gibt. Beachte, dass dies zeigt, dass ALLE Männer ein gewisses Maß an Babysein in sich haben, aber es variiert in der Stärke und es steigt bis auf 10 im extremen Fall. Nochmals, ich spreche nicht von Adult Babys, die anders sind, sondern eher von *babyhaftem* Verhalten bei Männern im Allgemeinen.

Die braune horizontale Linie ist das, was ich als "Wahrnehmung des Partners" bezeichne. Sie ist für die Zwecke dieser Diskussion willkürlich auf den Wert 7 von 10 gesetzt.

Alle Männer haben das gewisses Maß an *Babysein* in sich, aber nicht alle Männer zeigen das, aber wir als Partner erkennen das nicht unbedingt sofort. Es bleibt in ihnen verborgen und als Partner sind wir uns dessen nicht bewusst, bis es eine bestimmte Ebene erreicht wird, die ich die "Bewusstswerdens-Ebene" nenne, auf der wir beginnen, unleugbare babyhafte Verhaltensweisen zu sehen und zu verstehen. Nochmals, ich spreche <u>nicht</u> über Adult Babys , sondern über den Rest der männlichen Spezies.

Dieses Buch spricht zwei sehr unterschiedliche Gruppen der Gesellschaft an:

Der ersten Gruppe gehört das Adult Baby und seine Partnerin an. Wenn das auf Dich zutrifft, dann wird der erste Teil dieses Buches interessant sein, aber nicht unbedingt direkt anwendbar. Dein Partner will bereits ein

Baby sein, also ist dieser Teil der Aufgabe bereits erledigt. Das heißt aber nicht, dass Du den Grad, wie er sich als Baby sieht nicht noch steigern oder ihn nach Deinen eigenen Vorstellungen formen kannst.

Die zweite Gruppe betrifft so ziemlich alle anderen – die keinen AB-Partner haben, aber den sie bis zu einem gewissen Grad zu einem Baby machen wollen. In diesem Fall ist der erste Teil dieses Buches genau das Richtige für Dich – es geht darum wie Du Deinen Partner babysitten kannst.

Das Ungewöhnliche daran ist, dass diese beiden Gruppen nicht so unterschiedlich sind, wie man vielleicht denkt. Ich habe bereits angedeutet, dass der *Babytrieb* im Erwachsenen vielleicht weiter verbreitet ist, als wir denken, und dass man ihn nur hervorlocken muss. Egal, aus welcher Gruppe Du gerade kommst, genieße diesen ersten Teil des Buches, in dem es darum geht, Deinen Nicht-AB-Partner dazu zu bringen, sich dem Verlangen, ein Baby zu sein, hinzugeben. Dann können wir beide dazu übergehen, wie Du Deinen Partner ganz praktisch in Windeln verpackst, ihm einen Schnuller in den Mund steckst und siehst, wie schnell er zum Baby werden kann!

Wenn wir dieses Buch lesen und verstehen wollen, müssen wir 2 Grundvorausetzungen festlegen ...

Kapitel 2: Unsere Gundvoraussetzungen

Wenn wir mit dieser Diskussion beginnen, möchte ich zwei Grundvoraussetzungen nennen, die wir dann im Detail besprechen werden:

1. **Alle Menschen haben einen gewissen Grad an *Babysein* in sich**
2. **Das Interesse an Windeln ist sehr verbreitet, wenn auch unterschwellig**

Alle Menschen haben einen gewissen Grad an Babysein in sich

In unserem letzten Kapitel haben wir den Gedanken eingeführt, dass das *Babysein* in allen Menschen steckt, und jetzt möchte ich das weiter ausführen.

Bevor wir weitergehen im Text, möchte ich kategorisch feststellen, dass ich nicht negativ eingestellt oder beleidigend zu Männern bin, ganz im Gegenteil. Ich liebe Männer - Einen ganz besonders! Männer und Frauen sind grundsätzlich unterschiedliche Menschen. Wir unterscheiden uns in fast allen Aspekten, die es gibt, und wir sind alle sehr dankbar, dass wir unterschiedlich sind.

Es wird beobachtet und oft behauptet, dass Mädchen schneller reifen als Jungen und mit seltenen Ausnahmen, ist das auch so. Und niemand kümmert sich wirklich darum. Es ist einfach eine Tatsache des Lebens, die wir alle akzeptieren und die Theorie ist, dass die Jungen im Alter von etwa 20 oder so, aufgeholt haben. Ich würde es wagen, eine ganz andere Vermutung zu äußern. Ich würde behaupten, dass nach der Definition von "Reife", die Frauen verwenden, die meisten Männer <u>*nie*</u> ganz reif sind! Sie haben vielleicht eine Fassade der Reife, aber im Inneren - und nicht unbedingt *tief* drinnen - sind sie immer noch junge Burschen.

Noch einmal, ich bin nicht beleidigend oder abwertend gegenüber Männern. Ich gebe nur eine Tatsache wieder, die wir zwar oft andeuten, aber selten zugeben oder gar bekräftigen. Ich sage auch nicht, dass es etwas Schlechtes ist. Ich stelle lediglich fest, dass es so ist.

Die Aussage: *"Der einzige Unterschied zwischen Männern und kleinen Jungen ist der Preis ihres Spielzeugs"* ist etwas, über das wir lächeln und lachen, während wir diese grundlegenden Wahrheit bestätigen, aber dann nicht wirklich verstehen, was gesagt wird. Wenn wir dies als Scherz sagen, würde keiner widersprechen, dass es nicht stimmt - nicht einmal die Männer selbst. Männer akzeptieren, dass es für sie absolut sinnvoll ist, "Spielzeug" zu haben. Das können Autos, Werkzeuge, Modellflugzeuge, Gewehre, Fahrräder oder eine Vielzahl von Dingen sein, die im Grunde immer noch Spielzeug sind. Das soll nicht heißen, dass Frauen keine Sammlerinnen sein können, und eine der Ironien dieser Aussage ist, dass es für eine Frau akzeptabel ist, einen Teddybären oder Ähnliches in ihrem Bett zu haben, bis weit über das Teenageralter hinaus, während es für einen Jungen nicht als angemessen oder "männlich" gilt.

Aber ist das wirklich richtig? Ja, eine Studie hat ergeben, dass amerikanische Teenager, die aufs College gehen, oft ihren Teddybär mit ins Gepäck packen. Er würde zwar versteckt und vielleicht nur heimlich benutzt, aber er ist trotzdem dabei. Der Gruppendruck diktiert, dass die Teddybären in den männlichen Schlafzimmern nicht offen benutzt werden, während sie in den Mädchenschlafzimmern viel akzeptabler und sogar allgegenwärtig sind. Wir alle kennen die Figur des Walter „Radar" O'Reilly in der Fernsehserie M*A*S*H und seinen Teddybären, und doch macht sich niemand über ihn lustig. Es ist ein subtiles Eingeständnis, dass in allen Männern ein Kind steckt - selbst in Soldaten. Sie akzeptieren es, erkennen es an, neigen aber nicht dazu, danach zu handeln. Das „innere Kind im Manne" wird gefühlsmäßig erkannt, aber meist nicht darüber geredet.

Die gesellschaftliche Erwartung an Männer ist es, hart, stark und ein Versorger zu sein, und selbst im 21. Jahrhundert hält sich dieser jahrhundertlange Stereotyp. Er hat sich insofern etwas abgeschwächt, als es Männern jetzt erlaubt ist, Gefühle zu haben und sich fürsorglich zu verhalten usw., aber immer noch ist es die kulturelle Norm, dass Männer eben "Männer" sind. Wir alle wissen, dass Männer im Allgemeinen größer, stärker und schneller sind und gegenüber Frauen Vorteile im räumlichen Vorstellungsvermögen und in einigen Bereichen der Geschicklichkeit haben. Daraus resultiert die sexistische Vorstellung von männlicher Überlegenheit, die zum Glück langsam abnimmt. Körperliche Vorteile kommen im Leistungssport und in der Leichtathletik sowie in Berufen, die auf Kraft beruhen, deutlicher zum Tragen. Das alles ist nichts Neues. Aber wenn es um emotionale und entwicklungsbedingte Reife geht, kippt das Gleichgewicht tendenziell in die andere Richtung, wenn auch nur leicht.

Lassen Sie mich auf den Grad der Reife zurückkommen.

Denke an einige Männer, die Du einigermaßen gut kennst. Verhalten sie sich nicht manchmal albern und kindisch? Benehmen sie sich nicht manchmal genauso wie große Jungs? Schauen Sie sich Gesellschaftssportarten wie Fußball oder Kricket (Sorry Amerikaner! Kricket ist ein echtes Spiel!) oder Rugby oder ähnliches an. Sieht es nicht manchmal so aus, als würdest Du einer Gruppe von übergroßen Grundschuljungen beim Spielen in der Mittagspause zusehen?

Männer werden das nicht so leicht erkennen, weil sie selbst noch die Jungs sind, während Frauen es deutlich sehen können, wenn sie nur genau genug hinschauen. Ihr Konkurrenzdenken ist manchmal nichts anderes als der kindische Versuch, "größer und besser" zu sein als ihre Freunde - so wie sie es als kleine Jungen getan haben.

Und dann gibt es noch den "anderen Typ" von Mann. Du kennst vielleicht ein oder zwei solcher Beispiele. Sie haben kein "Spielzeug". Sie treiben keinen Sport - weder als Zuschauer noch als Teilnehmer. Sie neigen dazu, sich makellos zu kleiden, ohne schmutzige Kleidung, ungekämmte Haare oder unordentliche Schlafzimmer. Sie spielen keine Spiele irgendeiner Art und sie haben Kollegen, keine Freunde. Nein, ich spreche nicht von Schwulen! Ich spreche von tatsächlichen *reifen* Männern.

Sie sind langweilig.

Sie haben ihre Kindheit wirklich komplett hinter sich gelassen und haben daher nicht viel mit dem Rest des männlichen Geschlechts gemein.

Du kennst diese Typen, richtig? All die Elemente der Männlichkeit, die wir als Frauen manchmal beklagen und bemängeln, diese Unreife und Kindlichkeit, die wir unerklärlich finden. Genau diese Attribute in Kombination ergeben die Männer, die wir lieben und bewundern (und oft anschreien wollen!) Wir sind von dieser Art *Kindlichkeit* und genauso oft auch von dem *erwachsenen Mann* angezogen.

Hier ist also mein Punkt. In (fast) jedem Mann steckt ein *kleiner Junge*, der immer noch einen Großteil seiner Gedanken und Wünsche kontrolliert und dieses wunderbare und zugleich komplizierte Individuum erschafft, das wir lieben und über das wir uns ständig ärgern.

Beachte, dass ich *"kleiner Junge"* gesagt habe. Ich habe nicht *Teenager* oder *junger Mann* gesagt. Ich sagte *kleiner Junge* und ich meinte es auch so. Und was ist die Stufe direkt unter kleiner Junge? Das **Kleinkind** oder das **Baby**!

Das ist ein Hinweis, den Du annehmen und verstehen musst. Atme tief durch und denke einen Moment darüber nach.

Nochmal, ich spreche hier nicht von Adult Babys. Das ist ein Sonderfall, auf den ich später eingehen werde. Hier spreche ich über den durchschnittlichen Mann (der ein Rätsel für sich ist!).

Nun, Frauen sind ganz anders, wie Du sehr wohl weißt. Männer wissen oft nicht, wie anders wir sind, und so viele unserer Beziehungskonflikte kommen daher, weil Männer glauben, wir seien wie sie, nur eben mit "Brüsten und einer Muschi". Fairerweise muss man sagen, dass einige Frauen in die gleiche Falle tappen, indem sie denken, dass Männer wie sie sind, nur mit einem Penis. Beide Überzeugungen sind chronisch dumm!

Mädchen im Teenageralter beginnen ihre Reise durch die hormonellen Jahre als unreife Kinder und zuweilen ausgesprochen "hirnlos". Aber mit den Jahren kommt die Reife hervor, und mit dem Eintritt ins Erwachsenenalter sind sie Frauen, Frauen mit einer Reife und einem Verständnis für sich selbst und andere, die ihre männlichen Altersgenossen bei weitem übertreffen. 18-jährige Jungen hingegen sind immer noch Jungen. Der Reifeunterschied ist enorm, und obwohl er sich in den späteren Jahren erheblich verringert, verschwindet er nie ganz.

Und ich bin so froh, dass das so ist!

Einiges davon mag wie eine falsche Weisheit aus den 50er Jahren klingen, aber bitte glaube nicht, dass es daher rührt. Erstens habe ich in den 50er Jahren nicht gelebt und diese Zeit war ein Gefängnis für Frauen und ich will nichts damit zu tun haben. Aber ich bin trotzdem froh, dass es die Unterschiede zwischen Männern und Frauen gibt.

Frauen sind natürlicherweise *Erzieherinnen*. Ich weiß, dass das nicht immer wahr ist, aber für die Mehrheit ist es das. Männer neigen eher dazu, *Versorger zu* sein als traditionelle Erzieher. Glücklicherweise verschmelzen diese Rollen mehr und mehr und Frauen sind auch Versorger und von

Männern wird erwartet, dass sie ebenfalls Erzieher sind. Das ist eine große Verbesserung und längst überfällig. Aber gleichzeitig finden Männer das Pflegen schwieriger und weniger natürlich als Frauen im Allgemeinen. Wohlgemerkt, ich will sie damit nicht entschuldigen, sondern nur sagen, dass das Pflegen für die meisten Männer schwieriger ist als für die meisten Frauen. Ich weiß, dass ich hier scheinbar abschweife, aber mein Punkt kommt noch, glauben Sie mir.

Frauen haben einen sehr starken mütterlichen Trieb. Ich gebe zu, einige Frauen wollen keine Kinder und diese Zahl scheint zu wachsen, aber es ist immer noch so, dass die große Mehrheit der Frauen Kinder will. Männer sind da ambivalenter und haben zwar einen "väterlichen" Trieb, aber der unterscheidet sich sehr vom mütterlichen Trieb der Frau.

Die meisten Männer wollen eine Familie gründen. Sie wollen Kinder haben, aber es ist für sie eher ein intellektuelles Thema als ein emotionales. Frauen *wollen* Kinder. Sie *wollen* ihre Kinder erziehen, leiten und lieben. Männer hingegen wollen eine Familie haben, aber sie neigen dazu, die Pflege und die "schmutzigen Seiten" der Kindererziehung den Frauen zu überlassen. Sie spielen gerne mit den Kindern und toben mit ihnen und all die <u>kindlichen Aspekte</u> der Kindererziehung, aber die Pflege wird immer noch in hohem Maße der Mutter überlassen. Ich weiß, dass vieles davon eine stereotype Einschätzung ist und dass sich vieles davon ändert, aber ich beziehe mich auf die allgemeine Natur der Dinge und nicht darauf, was eine bestimmte Mutter oder ein bestimmter Vater in ihren tatsächlichen Familien tun oder nicht tun.

Beobachte eine Frau, die mit einem kleinen Kind spielt, und Du siehst jemanden, der es anleitet und mit ihm interagiert. Beobachte einen Mann, der mit demselben Kind spielt, und Du siehst oft gleichrangiges Verhalten. Er spielt mit dem Kind, oft auf dem gleichen Niveau. Er ist das größere, stärkere, geschicktere... Kind.

Wenn Du Dich zurücklehnst und beobachtest oder darüber nachdenkst, was Du in der Vergangenheit erlebt hast, wirst Du feststellen, was auch andere entdeckt haben: Männer sind immer noch Jungen, verpackt in größere Körper, mehr Reife und mehr Erfahrung. Aber in ihrem Kern immer noch Jungen. Und daran ist überhaupt nichts falsch! Es ist eine wundersame und erstaunliche Sache, und um ehrlich zu sein, bin ich manchmal neidisch auf diese Fähigkeit, kindisch und unreif zu sein und Elemente der Kindheit auf eine pseudo-reale Weise zu genießen. Ich bin eine Erwachsene. Mein Mann ist es nur teilweise.

Okay, wir haben also festgestellt, dass Männer immer noch größere Versionen von kleinen Jungen sind. Das ist nicht besonders komplex oder gar umstritten. Wenn Du das in einer Gruppe von Frauen sagen würdest, würden die meisten zustimmen und wahrscheinlich ihre eigenen Geschichten zur Unterstützung dieser Aussage erzählen können. Aber ich möchte es noch weiter ausführen: <u>Männer sind noch Jungen, aber sind Männer auch Kleinkinder und vielleicht Babys?</u>

Nun, das ist eine faszinierende Frage und sicherlich kontroverser und komplexer, als alles andere. Also, lasse uns das jetzt untersuchen.

Babys und Kleinkinder sind wirklich ganz anders als kleine Jungen und so wäre es leicht zu sagen, dass Männer zwar immer noch Jungen sind, aber keine Babys. Und vielleicht ist das in den meisten Fällen auch richtig.

Oder doch nicht?

Zu den Elementen der Babyzeit gehören die vollständige Abhängigkeit von der Mutter, begrenzte bis keine Forderungen an sie und das Fehlen von äußerem Druck. Wenn man es so ausdrückt, ist der Reiz des Babyseins offensichtlich! Ein weiteres Attribut ist die fehlende Kontrolle und das Fehlen von Verantwortung.

Aber ist ein kleiner Junge wirklich so anders als ein Kleinkind? Der größte Unterschied ist vielleicht das Toilettentraining, aber wie viele kleine Jungen sind nachts noch in Windeln, weil sie ins Bett nässen? Sehr viele! Der Unterschied ist also allenfalls ein gradueller. Ein bettnässender Zehnjähriger ist sicher eine Minderheit, aber auch nicht selten. Ein fünfjähriger Junge mit nächtlichem Bettnässen ist so häufig, dass er gar nicht auffällt. Ein bettnässender Teenager ist auch keine Seltenheit. Vielleicht ist der Gang zur Toilette also doch keine so große Veränderung und der Unterschied, nach dem wir suchen, ist hier nicht zu finden.

Von älteren Jungen wird erwartet, dass sie etwas Verantwortung übernehmen. Von ihnen wird vielleicht erwartet, dass sie ihre Spielsachen wegräumen oder ihr Kinderzimmer ordentlich ist, so wie es ihre Eltern erwarten. Nicht perfekt, aber sie müssen sich Mühe geben. Sogar Kleinkinder haben ein paar Verantwortlichkeiten, wenn auch sehr wenige. Aber Babys haben überhaupt keine Verantwortung. Null!

Wir alle lehnen gerne einmal Verantwortung ab. Das ist es, was wir sind. Aber Babys und Kleinkinder sind von dieser Verantwortung ausgenommen. Das hat eine gewisse Anziehungskraft. Und hier ist der Kern meiner Prämisse: <u>Ich behaupte, dass in fast jedem Menschen ein Element des *Babysein* existiert, das immer noch diese Attribute der Kindheit will, von denen ich sprach.</u>

- Sie wollen die Abhängigkeit von einem anderen, der sich um ihre Bedürfnisse kümmert.
- Sie wollen die uneingeschränkte, grenzenlose Fürsorge einer Mutter.
- Sie wollen nicht immer Verantwortung übernehmen müssen.
- Sie wollen tun und lassen, was sie wollen.
- Sie wollen weinen und schreien oder einen Wutanfall bekommen.

In der Tat wollen sie in gewisser Weise wie Babys sein und dies auch zum Ausdruck bringen. Wenn Du Dir diese Liste ansiehst, siehst Du vielleicht eine ganze Menge, was auch Du attraktiv findest. Ich weiß, dass es vielen Frauen genauso geht und dass es da viele Ähnlichkeiten gibt. Aber im Fall von „Nicht-AB-Frauen" fühlen sie sich eher zur mütterlichen oder elterlichen Seite der Gleichung hingezogen. Sie wollen die Person sein, die für die Pflege und die gesamte Versorgung zuständig ist.

Ich möchte nur nochmal wiederholen, dass ich mich bis jetzt auf Frauen beziehe, die noch kein *erwachsenes Baby* haben. Adult Baby zu sein, fügt der Gleichung ein neues und kraftvolles Element hinzu, auf das ich später eingehen werde. Wovon ich jetzt spreche, ist der <u>durchschnittliche </u>Mensch in der Gesellschaft, so wie das *Kindsein* und die *Kindlichkeit* immer noch ein Teil des Menschseins ist. Nun, zu meinem nächsten Gedanken.

Bettnässen. Hmm...

Wusstest Du, dass Bettnässer nach dem Teenageralter überwiegend männlich sind? Und das trotz ihres weitaus weniger komplexen und weniger "chaotischen" Harnsystems. Ich habe mir vor einiger Zeit viele Informationen über das Bettnässen besorgt und eine Sache, die mir aufgefallen ist, dass einige Menschen in das Bett nässen mit Begründungen wie: *"es hat mich nicht wirklich beunruhigt"* oder *"ich habe nichts Falsches daran gesehen, dass ich es nicht tun sollte, bis ich 16 war"* oder *"es war schwer damit aufzuhören, also habe ich es nicht versucht"*. [AB Discovery Bedwetting Survey 2020]. Und in fast jedem Fall war es ein Junge, nicht ein Mädchen.

Sie sagten im Grunde, dass sie nicht versuchten, mit dem Bettnässen (oder den nächtlichen Windeln) aufzuhören, und zwar aus Gründen, die sich einfach zusammenfassen lassen als... Unreife. Es fehlte ihnen die emotionale Reife, um mit dem Bettnässen aufzuhören. Die körperlichen Veränderungen des Erwachsenwerdens hatten zwar stattgefunden, aber die emotionale Reife hatte sich nicht so schnell mit entwickelt und so blieb das Bettnässen - eine typische Baby-/Kleinkind-Eigenschaft - bestehen. Sie hatten sich noch nicht entschieden, nicht mehr ins Bett zu machen.

Können wir also feststellen, dass zumindest für einige wenige die Attraktivität des Säuglingsalters auch die fehlende Kontrolle für die Blase sein kann? Ich gebe zu, das ist weit hergeholt, aber zumindest für einige ist es wahr, da sie erst im Teenageralter oder später aus Gründen, die außerhalb ihrer selbst liegen, mit dem nächtlichen Einnässen aufgehört haben. Sie wurden von Eltern oder Gleichaltrigen dazu gedrängt. Sie wurden aus anderen Gründen als ihrer eigenen Reife trocken. Es wurde ein Argument für das nächtliche Trockenwerden vorgebracht, das nicht wirklich mit ihrem eigenen Verständnis oder ihrer Reife übereinstimmte, aber sie taten es trotzdem.

Trotz ihres biologisch bedingten besseren Harnsystems bleiben Männer die Mehrheit der erwachsenen Bettnässer, und das wirft die Frage auf, warum dies geschieht, wenn man echte und offensichtliche körperliche Gründe ausschließen kann.

Vor Jahrzehnten waren Matratzenschoner aus Baumwolle, die dazu gedacht waren, die Matratze vor gelegentlichen schweißtreibenden Nächten oder leichten Verschmutzungen bei anderen Aktivitäten von Erwachsenen zu schützen. Heute jedoch bieten die meisten von ihnen richtigen und vollständigen „wasserdichten Schutz". Als ich mich vor ein paar Jahren beim Kauf einer neuen Matratze mit einer Verkäuferin unterhielt, fragte sie, ob ich einen wasserdichten Schutz dafür haben wolle, und da ich einen Ehemann habe, der oft nachts Windeln trägt und gelegentlich nasse Laken hat, sagte ich ja. Dann erzählte sie mir unaufgefordert Geschichten von Frauen, die hereinkamen und einen wasserdichten Schutz wollten, weil *"der Ehemann manchmal ins Bett pinkelt"*. Das war mehr Information, als ich wollte, aber als sie weitersprach, wurde mir bewusst, dass mein eigener bettnässender Ehemann weniger anormal war, als ich vermutet hatte. Plötzlich wurde mir bewusst, dass ein bettnässender Mann so häufig vorkommt, dass es überall einen Matratzenschutz gibt. Das machte mich neugierig.

Obwohl ich es nicht beweisen kann, glaube ich, dass die auffällig große Häufigkeit des Bettnässens erwachsener Männer (die nichts mit körperlichen Gründen oder Alkohol zu tun hat!), auf die verborgene *kindliche Natur* zurückzuführen ist. Sie *bricht* gelegentlich (ja, bewusste Wortwahl) in Form von Bettnässen oder nassen Hosen aus. Sie wird auch auf andere Art und Weise sichtbar, aber Bettnässen oder das Einnässen in die Hose ist wohl eine der offensichtlichsten Formen.

Meine erste Prämisse ist also: In den meisten Männern steckt ein verborgenes Baby oder Kleinkind, welches sich gelegentlich als kleiner Junge zeigt, aber immer noch... ein Baby ist. Dieses Baby/Kleinkind/kleiner Junge möchte sich öfters zeigen, als ihm erlaubt wird.

Bist Du daran interessiert, das innere Baby/Kleinkind/kleiner Junge Deines Partners ein wenig mehr herauszukitzeln? Dann geht es hier weiter mit Grundannahme Nr. 2.

Das Interesse an Windeln ist sehr häufig, wenn auch unterschwellig

Windeln für Erwachsene sind für mich ein faszinierendes Thema, weil man typischerweise davon ausgeht, dass sie nur für ältere Menschen und Menschen mit Behinderung sind. Und wie so viele andere Annahmen auch... ist das völlig falsch.

Man muss nicht lange im Internet suchen, um zu entdecken, dass es eine sehr große Auswahl an Windeln für Erwachsene gibt. Noch vor ein paar Jahrzehnten war das nicht der Fall. Sicher, es gab Windeln für Erwachsene, aber sie waren versteckt und vor dem Internet-Zeitalter (eine wirklich prähistorische Zeit) waren sie den meisten von uns nicht bekannt.

Jetzt, in den 2020er Jahren sind Windeln für Erwachsene überall zu finden. Wenn Du in den Vereinigten Staaten lebst, gibt es Windeln für Erwachsene in Supermärkten, spezialisierten Geschäften und natürlich in einer sehr überwältigenden Auswahl in Online-Shops.

Hier im Vereinigten Königreich ist es nicht ganz so reichlich, aber man kann Windeln in Apotheken kaufen, die sie zusammen mit medizinischen Lieferanten anbieten und natürlich auch online. Auch über Katalogversand kann man eine große Auswahl bekommen. Ein Freund in Australien bestätigt, dass Windeln für Erwachsenen zwar nicht wirklich in allgemeinen

Geschäften oder Supermärkten erhältlich sind, aber Online-Anbieter eine große Auswahl haben, wenn auch nicht so groß, wie in Nordamerika oder Europa.

Aber warum so viele? Und warum so interessante und einfallsreiche Designs und Muster?

Meine drei Kinder hatten eine Kombination aus Stoffwindeln und Plastikhosen und schließlich Einwegwindeln. Sie waren schlicht und effektiv. Heute ist das Angebot an Baby- und Kleinkindwindeln überwältigend groß.

Aber ich komme zurück auf die Frage, warum so viele Erwachsenenwindeln. Ich wurde durch meinen Ehemann inspiriert dieser Frage nachzugehen, da der sich nun als eine Art „Adult Baby" zeigt, aber immer schon ein Interesse am Tragen von Windeln hatte. Ich fand es sehr seltsam - wie die meisten Frauen - aber es schien relativ harmlos und auch nicht ständig oder aufdringlich zu sein. Als ich lernte, Adult Babys zu verstehen, fiel mir immer noch etwas auf, das keinen Sinn ergab.

Adult Babys sind selten, richtig? Die geschätzte und nicht bewiesene Anzahl ist etwa 0,1 % oder einer von tausend Menschen. Also, ein ziemlich kleines Segment der Gesellschaft. Dann habe ich gelesen, dass in Japan bereits mehr Windeln für Erwachsene als für Babys verkauft werden und dass die Vereinigten Staaten kurz davor stehen und bis 2022 mehr Windeln für Erwachsene verkauft werden würden. Hier in Großbritannien beobachte ich den gleiche Trend.

Also, wer trägt all diese Erwachsenen-Windeln? Es sind nicht alles alte Menschen in Pflegeheimen. Und nur fürs Protokoll: Es ist ein lächerliches Klischee zu behaupten, dass jeder in einem Pflegeheim Windeln für Erwachsene trägt. Die Wahrheit ist, dass die meisten das nicht tun, nur wenn sie sehr alt oder krank werden, aber das ist immer noch eine relativ kleine Zahl.

Es gibt eine Menge Menschen mit Behinderung, die Inkontinenzschutz benötigen, und das macht einen weiteren großen Teil aus. Aber es gibt immer noch eine Menge Windelverkäufe, die unerklärt bleiben.

Da gibt es Menschen, die manchmal Windeln tragen, wenn sie auf Konzerten oder an Orten sind, an denen es keine öffentlichen Toiletten gibt oder diese zu eklig sind, um auch nur daran zu denken, sie zu benutzen. Es gibt einige Arbeiter, die Windeln tragen, um Toilettenpausen zu vermeiden, die entweder nicht vorhanden sind oder sie Geld in Form von Verdienstausfall kosten. Aber das ist immer noch kein großer Markt.

Und dann gibt es natürlich noch die Adult Babys und Windelliebhaber. Ja, sie verbrauchen eine große Anzahl von Windeln, aber wenn ABDL's selten sind, warum werden dann buchstäblich Bootsladungen von Windeln mit kindlichen Motiven gekauft?

Irgendetwas passt nicht ganz zusammen. Was sind also die Möglichkeiten?

Eine ist, dass es mehr ABDL's gibt, als wir bisher dachten. Nicht nur 0,1 %, sondern vielleicht 0,5 % oder mehr. Social Media Blogs oder Online-Windel-Communities sind wahrscheinlich nur die Spitze des Eisbergs bei der ABDL-Windelnutzung. Es ist denkbar, dass eine große Anzahl von Menschen gerne Windeln trägt, sich aber nicht in einer AB-Online-Community engagieren möchte und einfach nur Windeln tragen will. Das macht Sinn.

Das Tragen von Windeln aus Bequemlichkeit ist möglicherweise wesentlich höher als berichtet und die meisten Träger würden wahrscheinlich niemals darüber sprechen, außer vielleicht mit einem Freund. Der Bedarf von Pflegeheimen und Krankenhäusern ist gut bekannt und der Bedarf bei Behinderungen ist ebenfalls bekannt und wird wahrscheinlich nicht dramatisch ansteigen. Während die Lebenserwartung zunimmt, steigt auch unser Gesundheitszustand, und so sind viele Pflegeheimbewohner relativ gesund, wenn auch gebrechlich.

Also fragen wir wieder einmal - wohin gehen all diese Windeln? Wir haben einen Großteil des zusätzlichen Verbrauchs berücksichtigt, aber jetzt müssen wir uns fragen, ob es einen weiteren, bisher unerklärten Markt für Erwachsenenwindeln gibt.

Ich glaube, dass es eine Menge Männer (und Frauen) gibt, die keine Adult Babys sind, wie wir sie definieren würden, und auch keine Bettnässer, die Windeln aus ihren eigenen Gründen tragen. Es kann emotionale und/oder körperliche Sicherheit sein, oder Komfort, ein Gefühl des Wohlbefindens und weil es sich "einfach richtig anfühlt". Sie sind nicht das, was wir als Adult Babys bezeichnen, aber sie tragen Windeln aus ihren eigenen Gründen. Sie kaufen die einfachen Windeln in medizinischer Qualität und auch die Windeln mit ABDL-Motiven.

Gestatte mir jetzt die Frage, auf die ich in meiner typisch langatmigen Art hingearbeitet habe:

Möchtest Du Deinen Partner zu einem Baby machen? Ich vermute, dass die Antwort entweder *"Ja"* oder *"Ich bin mir nicht sicher"* lautet.

Aber Du liest doch dieses Buch, weil Dein Partner wahrscheinlich noch keine Windeln trägt und kein Adult Baby ist. Wenn er das wäre, bräuchtest Du es nicht zu erfragen, wie man ihn behandelt. Er würde *Dir* schon sagen, wie *Du* ihn babysitten sollst!

Meine erste Prämisse ist, dass in den meisten Männern ein Baby/Kleinkind steckt, das nur auf eine Chance wartet, sich zu offenbaren. Meine zweite Prämisse ist, dass das Tragen von Windeln weit verbreitet ist und wie wir alle wissen, sind Windeln ein wesentlicher Bestandteil im Leben eines Babys oder Kleinkindes.

Bist Du also bereit, zu versuchen, das Baby aus dem Innersten Deines Partners zu holen und es für eine Weile offen zu legen?

In diesem Kapitel ging es darum, den Mythos zu zerstören, dass Dein männlicher Partner *bereits teilweise ein Baby ist* und dass das Tragen von Windeln nicht so weit von ihm entfernt ist, wie Ihr beide vermutet.

Lass uns beginnen...

Kapitel 3 - Was willst Du erreichen?

Jede große Reise beginnt mit einem Ziel vor Augen. Die erste Frage für Dich lautet also*: "Was erwartest Du von Deinem Partner, wenn Du ihn als Baby haben willst?* Die Gründe und Erwartungen sind bei jedem anders und ebenso richtig.

Lasse uns einige der Dinge untersuchen, nach denen Du vielleicht suchst.

1. Ich möchte mal etwas anderes, um die Dinge aufzupeppen.
2. Ich vermute, dass er etwas Babysitting will und ich will es ihm geben.
3. Wir haben kein Kind oder haben jetzt ein "leeres Nest" und ich fühle ein starkes mütterliches Bedürfnis, das erfüllt werden muss.
4. Ich sehne mich danach, ihn zu hegen und zu pflegen, aus Gründen, die mir nicht ganz klar sind.
5. Ich habe mich immer mehr als seine Mutter, denn als seine Partnerin gefühlt, und ich würde das gerne bis zu einem gewissen Grad pflegen.
6. Ich denke, dass das Babysitten gut für ihn wäre.
7. Da ist ein Gefühl in mir, das ihn unbedingt *zu meinem Baby* machen will.
8. Ich habe Adult Babys online gesehen und wünschte, er wäre eins - aber er ist keines.

Dies sind alles gute und richtige Gründe und es gibt wahrscheinlich noch mehr. Aber lasse uns zuerst den einen Grund ansprechen, der *kein* guter Grund ist - dass Du ihn bestrafen oder es ihm schwer machen willst. Wenn Du Deinem Partner Schaden zufügen oder ihn für irgendeinen Verstoß bestrafen willst, ist das NICHT der richtige Weg, und ich schlage vor, dass Du dieses Buch zuklappst und Dir einen Berater suchst, der sich mit Euren Beziehungsproblemen beschäftigt. Hier geht es darum, Deine Beziehung besser zu machen, nicht darum, Rache zu üben.

Nur eine kurze Anmerkung, bevor wir fortfahren... Wenn Du dieses Buch liest, dann versuchst Du vielleicht, Deinen Partner zum Babysitten zu *drängen*, anstatt seiner Führung zu folgen. Daran ist nichts auszusetzen. Mit Erwartungen beschäftigen wir uns in einem späteren Kapitel.

** Ich möchte etwas anderes, um die Dinge aufzupeppen

Das ist ein sehr guter Grund, das Babysitten auszuprobieren. Alle unsere Beziehungen erfordern Arbeit und können manchmal etwas schal werden, aus keinem anderen Grund als dem, weil die Zeit vergeht und wir anfangen, Menschen und Umstände als selbstverständlich anzusehen. Gute Beziehungen bringen jedoch Abwechslung ins Leben, während sie sich immer im Klaren sind, dass der Kern ihrer Beziehung das ist, was wichtig ist, nicht die Spielzeiten oder lustigen Erlebnisse.

Die Babybehandlung Deines Partners kann für Euch beide ein großer Spaß sein und Du kannst sicher sein, dass es auf jeden Fall „anders" ist! Würze ist praktisch garantiert!

**Ich vermute, dass er etwas Babysitting will und ich will es ihm geben

Als Frauen sind wir viel intuitiver als Männer. Sei Dir bewusst, Männer sind manchmal schockierend ahnungslos, was um sie herum in ihren Familien und in ihren Beziehungen vor sich geht. Ihr emotionaler Radar ist im Allgemeinen ziemlich schlecht und in manchen Fällen gar nicht vorhanden. Frauen hingegen können manchmal schon das kleinste Problem im Voraus erkennen, und selbst die „Schlimmsten" unter uns können normalerweise erkennen, wenn "etwas" vor sich geht. Wir wissen vielleicht nicht genau, was es ist, aber wir sind uns bewusst, dass *etwas vor sich* geht. Es ist nicht ungewöhnlich, dass eine Ehefrau glaubt, dass ihr Mann eine Affäre hat, weil er sich emotional von ihr löst oder aus anderen Gründen, während ein Ehemann nur aus realen und leicht nachweisbaren Gründen erkennt, dass seine Frau dasselbe tut.

Was ich damit sagen will ist, wenn Du denkst, dass Dein Partner "Babysitting" will, dann frage Dich, warum Du das denkst. Analysiere Deine Gefühle und schaue, ob sie rational oder objektiv sind. Hüten Dich davor, Dein eigenes Verlangen nach "Babys" auf ihn zu projizieren. Es ist nichts Falsches daran, wenn Du Dir wünschst, ihn zu bemuttern, und zu hoffen, dass er diesen Wunsch erwidert. Du darfst das nur nicht verwechseln.

Ein Partner, der heimlich ein Baby sein möchte, wird subtile oder nicht so subtile Bemerkungen machen, die Du möglicherweise aufschnappen wirst. Er schaut sich vielleicht Babywindeln in Geschäften an (ein häufiges Werbegeschenk) oder sieht sich Babyartikel wie Schnuller und Spielzeug oder sogar Babynahrung an. Die Augen verraten oft die Seele.

Männer, die oft emotional „verkrüppelte Wesen" sind, merken vielleicht nicht, dass sie ein Baby sein wollen, trotz der Anzeichen, die sie zeigen. Gehe hier vorsichtig vor, nimm Dir Zeit und stelle sicher, dass Du richtig liegst.

**** Wir haben kein Kind oder haben jetzt ein "leeres Nest" und ich fühle ein starkes mütterliches Bedürfnis, das erfüllt werden muss**

Ich kann das persönlich nachempfinden. Ich habe drei jetzt erwachsene Kinder und ich hatte immer ein sehr starkes mütterliches Bedürfnis. Als sie das Haus verließen, fühlte ich mich ein bisschen wie in einem "leeren Nest", und als Ersatz nahm ich meinen Ehemann, der gelegentlich AB ist und drängte ihn dazu, ihn noch mehr zu babysitten. Das ist hauptsächlich der Grund, warum ich dieses Buch schreibe, denn ich habe meinen Mann als Baby behandelt und das hat viele meiner eigenen Bedürfnisse und auch einige seiner Bedürfnisse erfüllt.

Ein unbefriedigtes mütterliches Bedürfnis kann ein sehr starkes und sogar deprimierendes Problem sein. Männer verstehen nicht ganz, wie stark dieser Trieb bei vielen Frauen sein kann. Ich war eines dieser Mädchen, die Babys liebten, kaum dass ich alt genug war, um nicht selbst mehr ein Baby zu sein. Ich spielte mit den Babys und Kleinkindern von Verwandten und Freunden und wurde sogar (irgendwann) mit dem Windelwechseln vertraut gemacht, damit ich nicht mal aus Versehen ihren kleinen Lieblingen weh tun würde!

Dein Bedürfnis nach einem Baby ist eine reale und starke Sache und das Babysitten Deines Partners kann einen Teil dieses Bedürfnisses erfüllen. Nur eine kleine Warnung: Einen Erwachsenen zu babysitten kommt der Pflege eines echtes Baby in vielerlei Hinsicht nahe, aber es wird immer eine weniger erfüllende Handlung sein, wenn man es mit dem echten Baby vergleicht. Aber es kann auch eine Menge Vorteile haben!

**** Ich sehne mich danach, ihn zu hegen und zu pflegen, aus Gründen, die mir nicht ganz klar sind**

Du bist Dir nicht sicher, warum Du Deinen Partner zu ein Baby machen willst? Nun, ich denke, da bist Du nicht allein, wenn wir ehrlich sind. Als ich meinen Mann babygesittet habe, habe ich mir eingeredet, dass ich wüsste, warum ich es tue, aber die Wahrheit ist, dass ich es eigentlich nicht genau wusste. Ich konnte einen Grund nennen, der sicherlich wahr war, aber es steckte mehr dahinter. Wir haben einen feinen sechsten Sinn. Wir wissen, dass "etwas" vor sich geht, ohne zu wissen, was es ist oder warum wir so denken. Oft sehen, hören und erleben wir Dinge am Rande unseres Verständnisses, die unser Gehirn zwar wahrnimmt, aber nicht vollständig interpretieren kann. So meiden wir manchmal Menschen, von denen wir später erfahren, dass sie "böse" sind. So spüren wir manchmal, dass mit einem Kind oder einem Freund etwas nicht stimmt, können es aber nicht genau benennen. Dieser sechste Sinn macht uns auf ein Problem aufmerksam, dem wir dann aktiv nachgehen oder es vermeiden. Das Gleiche kann hier der Fall sein.

Vielleicht möchtest Du Deinen Partner wie ein kleines Kind behandeln, weißt aber nicht genau *warum*, geschweige denn *wie*. Es könnte viele, viele Gründe dafür geben. Vielleicht spürst Du unterschwellig, dass in Deinem Partner eine infantile Natur schlummert. Vielleicht spürst Du dieses Verlangen auch selbst, kannst es aber nicht genau benennen.

Mache Dir nicht so viele Gedanken darüber, sondern lasse Dich von dieser unterschwelligen Idee oder Suggestion führen, um diese Dinge zu untersuchen. Denke darüber nach und beobachte genau. Beobachte Deine eigenen Gedanken. Schreibe alles auf. Es wird nicht lange dauern, bis Du eine Begründung für Deinen Wunsch findest, ihn zu einem Baby machen zu wollen. Oder gehe einfach weiter mit Deiner Idee, ihn zu babysitten und verschiebe die Nachforschung auf später. Beide Wege sind in Ordnung.

** *Ich habe mich immer mehr als seine Mutter denn als seine Partnerin gefühlt, und ich würde das gerne zu einem gewissen Grad ausbauen*

Dieser Grund bringt mich zum Schmunzeln, weil er so oft wie eine Binsenweisheit im wirklichen Leben ist. Wie oft sehen wir Frauen, die einen Mann "wie ihren Vater" heiraten oder einen Mann, der eine Frau "wie seine Mutter" heiratet? Das kommt sehr häufig vor, auch dass sie genau das Gegenteil ihrer Eltern heiraten, weil diese „schreckliche" Menschen waren.

Aber es geht um mehr als das. Manche Männer werden sehr abhängig von ihren Partnerinnen, und zwar in einem Ausmaß, das einer Mutterschaft gleichkommt. Fairerweise muss man sagen, dass das Gleiche auch auf Frauen zutrifft, die ebenfalls viel zu abhängig von ihren Partnern werden. Wir haben sogar schon einige peinliche Beispiele von Ehemännern gesehen, die ihre Frauen in der Öffentlichkeit "Mutter" nennen (siehe, Mike Pence!). Auch wenn es nicht wörtlich gemeint ist, so vermittelt es doch den Eindruck, dass ein Mann von seiner Frau/Partnerin in einem Ausmaß bemuttert wird, das nicht normal ist.

Aber im wirklichen Leben haben viele Beziehungen Elemente in sich, die sich eher wie eine Eltern-Kind-Beziehung anfühlen, als eine gleichberechtigte Partnerschaft. Das Streben nach einer 50/50-Teilung in Beziehungen beruht zum Teil auf der Beobachtung, dass in vielen Beziehungen Eltern-Kind-Elemente vorhanden sind, die von Natur aus ungleich sind. Ich kritisiere das nicht und ich sehe, dass es in vielen langfristigen, sehr erfolgreichen Beziehungen existiert. Vielleicht ist das Eltern-Kind-Element ganz wichtig und eine der Zutaten für den Erfolg. Erfolgreiche Beziehung kann man nicht kritisieren.

Aber was Du vielleicht damit sagen möchtest ist, dass der Eltern-Kind-Aspekt für Dich mehr ist als für die meisten oder dass Du es genießt und mehr davon willst. Es ist ein vernünftiger und rationaler Wunsch, Deinen Partner bemuttern zu wollen, aber der nächste Schritt ist das, worum es in diesem Buch geht... es zu formalisieren. Es geht darum, eine Beziehung zu haben, in der Du bis zu einem gewissen Grad "Mutter" bist und Dein Partner Dein Kind oder genauer gesagt, Dein BABY ist.

Willst Du, dass die Mutter-Baby-Beziehung nicht nur unterschwellig da ist, sondern von Euch beiden akzeptiert wird? Das ist ein erstrebenswertes Ziel.

** *Ich denke, dass das Babysitten gut für ihn wäre*

Das denke ich auch! Ich würde vorschlagen, dass Babysitting für die *meisten* Männer gut wäre! Ich gratuliere zu Deinem Wunsch, Deinen Partner etwas Gutes zu tun und das „Babysitting" dafür zu wählen. Die einzige Warnung, die ich geben würde ist, dass dies sowohl ein wirklich guter Grund als auch ein klassisch projizierter Grund sein kann. Es ist leicht zu sagen, dass Babysitting gut für ihn ist, weil Du tief in Deinem Inneren denkst, dass es gut für *Dich wäre,* ihn zu babysitten.

Es ist nichts Falsches daran zu denken, dass es auch für Dich gut wäre, wenn Du ihn babysitten würdest. Es ist nur wichtig, dass wir unsere Motivationen ehrlich erkennen. Und wie ich später zeigen werde, willst *Du* vielleicht auch etwas Babysitting haben? Sei einfach ehrlich und ziehe es in Betracht.

**** Es gibt ein Gefühl in mir, das ihn unbedingt zu meinem Baby machen will.**

Wieder der sechste Sinn. Ignoriere ihn nicht und ignoriere sein Vorhandensein nicht. Wie wir in einem früheren Abschnitt besprochen haben, können Frauen Dinge "spüren", die wir nicht unbedingt erklären oder beweisen können. Dieses Gefühl zu haben ist wahrscheinlich, dass Du Dir wünschst, dass er Dein Baby ist, aber nicht bereit bist zu akzeptieren, dass es tatsächlich *Du bist*, die das will. Mache Dir nicht zu viele Gedanken darüber. Gehe einfach weiter und vertraue darauf, dass das, was als nächstes passiert, Deinen sechsten Sinn entweder bestätigen oder widerlegen wird. Dies ist eine berechtigte Motivation und Du wirst bald herausfinden, ob Du Recht hast oder nicht.

**** Ich habe Adult Babys online gesehen und wünschte, er wäre eines - aber er ist keines.**

Wenn Du wie ich bist und eine Menge Adult Babys online gesehen hast, bist Du wahrscheinlich verwirrt und auch aufgeregt oder auch nicht. Adult Babys gibt es in jedem Alter, groß, klein, dünn, dick und mehr oder weniger attraktiv. Aber die unausgesprochene Wahrheit ist, dass die meisten Erwachsenen-Babys ein wenig seltsam aussehen, mit Ausnahme der wirklich gut aussehenden und gut gebauten Exemplare. Das Adult Baby ist ein Ausdruck ihres kindlichen Inneren und der Transfer nach außen sieht nicht immer „gelungen" aus. Aber das ist nicht das, was Du siehst, oder?

Wenn ich mein eigenes Baby ganz herausgeputzt und glücklich sehe, sehe ich nicht die Widersprüche eines großen Mannes mit einem Baby-Outfit und einem Schnuller im Mund. Ich sehe über das Äußere hinweg in die Seele eines Babys, eines Kindes, eine Verwirklichung seiner Bedürfnisse und Wünsche. Und es ist wunderbar, das zu sehen.

Bei vielen Adult Babys, die online sind, siehst Du wahrscheinlich einen liegenden, hilfsbedürftigen und abhängigen Erwachsenen, der bemuttert werden muss.

Ich spreche dieses Thema später ausführlicher an, aber die Wahrheit ist, dass Du Deinen Partner nicht zu einem richtigen Adult Baby machen musst, um es zu genießen, ihn zu babysitten. Sicher, es hilft natürlich, aber das bringt auch seine eigenen Probleme mit sich.

Wenn Dein Partner kein Adult Baby ist, kannst Du das nicht wirklich ändern. AB's werden so aufgrund von ungelösten Traumata, schon als sehr kleine Kinder *[Dylan Lewis: Healing Childhood wounds und Michael Bent: Adult Baby Psychology]*. Aber Du kannst das *Babysein* immer noch als eine nicht psychologisch getriebene Erfahrung verstehen. Dazu später noch viel mehr.

34

Kapitel 4: Erwartungen verwalten

Ich bin ein Optimist. Mehr als nur ein Optimist. Ich sehe ein halbvolles Glas Wasser und erkläre es für voll, trotz der Beweise.

Menschen wie ich werden oft enttäuscht. Wir hoffen und glauben an Dinge und sind dann immer enttäuscht, wenn die Ereignisse nicht so eintreten, wie es mein hoffnungsloser Optimismus vorschreibt. Aber wenn sich der Staub gelegt hat und ich klar sehe, erkenne ich, dass mein vermeintliches Versagen in Wirklichkeit doch recht gut ist. Manche Motivationsredner sagen über das Setzen von "hohen Zielen", dass man sich an das regelmäßige Scheitern gewöhnen muss. Geradezu lächerlich hohe Ziele nicht zu erreichen und im Prozess trotzdem großartige Ergebnisse zu erzielen, kann auch kräftezehrend sein. Und wenn es um das Babysitten geht, gilt dasselbe.

Du wirst Ziele und Erwartungen haben. Leugne es nicht, denn Du wirst es tun und tust es wahrscheinlich schon. Es ist schwer genug, sich richtige Ziele zu setzen, wenn Du weist was Du tust, aber wenn es darum geht, Deinen Partner zu babysitten, gibt es einen Grundsatz, den Du verstehen musst:

Du weist nicht wirklich, was Du da tust!

Das ist wahrscheinlich nicht das, was Du hören wolltest, besonders in einem Buch über das Thema, das Dich interessiert. Aber es ist die Wahrheit, nichtsdestotrotz. Wenn Du versuchst, ein Baby aus Deinem Partner zu machen, wirst Du Dich größtenteils im Unbekannten bewegen, über das Du nicht viel weist. Aber es wird Dich auch "beflügeln". Es ist also wichtig, von Anfang an zu verstehen, dass es ein ehrgeiziges Ziel ist und ein auch hohes Risiko zum Scheitern, wenn Du versuchst, Deinen Nicht-AB-Partner zu babysitten. Aber lasse mich das ein wenig zurücknehmen. „Scheitern" ist ein hässliches Wort, weil wir dazu neigen, es als wahre oder falsche Beschreibung annehmen, obwohl es in Wirklichkeit ein weites Spektrum ist.

Ich kann Dir eines garantieren: Wenn Du Deinen Partner babysittest, wird das Ergebnis anders sein, als Du es erwartet hast. Es kann viel weniger sein, als Du gehofft hast, mehr als Du gehofft hast oder einfach gar nichts von dem, was Du erwartet hast. Es wird sein, was es ist. Das Babysitten eines Erwachsenen ist eine sehr vielfältige Tätigkeit, auf die wir später noch im Detail eingehen werden, aber es wird von Paar zu Paar und von Fall zu Fall unterschiedlich sein.

Du musst Deine Erwartungen offen halten. Ich kann Dir nicht sagen, wie Du Deine Erwartungen realistisch halten kannst, denn "realistisch" ist in diesem Zusammenhang bedeutungslos. Vielleicht ist die angemessenste Erwartung die der gegenseitigen Freude und Zufriedenheit. Wenn Ihr am Ende des Tages beide mit dem Ergebnis zufrieden und glücklich sind, dann habt Ihr das wichtigstes Ziel erreicht.

Übernimm Dich nicht und versuche, die Reise genauso zu genießen wie das Ziel.

Kapitel 5: Adult Babys vs. Nicht-Adult Babys

Dieses Buch richtet sich vor allem an Frauen, die ihre Partner bis zu einem gewissen Grad babysitten wollen. Es ist ein anderes Buch als eines, in dem es darum geht, wie man sein Adult Baby versorgt. Adult Babys sind bereits darauf eingestellt, als Baby behandelt zu werden, und niemand muss sie dazu führen, überzeugen oder überreden. Die meisten stürzen sich mit vollem Elan in eine Babysituation, ohne viel nachzudenken.

Es ist wichtig, in diesem Zusammenhang den Unterschied zwischen AB's und Nicht-AB's zu verstehen. Wie ich bereits erwähnt habe, brauchen AB's keinen Druck, um wie ein Baby behandelt zu werden, und wenn Dein Partner AB ist, wird der größte Teil des ersten Abschnittes dieses Buches interessant, aber unnötig sein, da Du ihn bereits babysittest und er wahrscheinlich noch mehr davon will. Die Motivation kommt von der einfachen Tatsache, dass diese Partner zu einem sehr großen Teil bereits Babys SIND.

Das vielleicht Wichtigste, was Du über Deinen Kleinen [Adult Baby] verstehen musst ist, dass er in seinem Kern immer noch ein echtes Baby ist. Seine infantilen Gefühle, Handlungen und Reaktionen basieren auf einer echten inneren Identität als echtes Baby. Der Körper mag das eine sagen, aber die Psyche sagt etwas anderes: dass sowohl ein Erwachsener als auch ein Baby in ihnen lebt und beide legitime Bedürfnisse und Wünsche haben. (Rosalie Bent)

Die wunderbare Serie von Dylan Lewis - The Adult Baby Identity - erklärt dies sehr ausführlich, aber für dieses Buch ist es wichtig zu verstehen, dass AB's und Nicht-AB's sehr unterschiedlich sind und dass das Babysein eines Nicht-AB's sich sehr unterscheiden, weil es kein voll entwickeltes inneres Kind gibt, das es antreibt.

Es ist auch erwähnenswert, dass der Fakt ein Adult Baby zu sein, immer auch ein breites Spektrum ist, das von Menschen, die gelegentlich Windeln tragen und einigen Baby-Aktivitäten frönen, bis hin zu Menschen reichen kann, die in großem Maße als Baby leben und sogar darüber hinaus zu einer sehr kleinen Anzahl, die buchstäblich ihr ganzes Leben als Baby leben [The Fulltime, Permanent Adult Infant - *Maggie Joyce*].

Da die Bandbreite groß ist, kann eine Person eine sehr leichte AB-Neigung haben die so unauffällig ist, dass niemand davon weiß und sogar das AB selbst es verleugnen kann, weil der Trieb schwach ist und einfach zu handhaben ist.

Ich habe die nicht belegte Überzeugung, dass die AB-Neigung viel häufiger vorkommt, als wir denken, weil dies bei vielen Menschen auf niedrigem Niveau leicht zu ignorieren oder in Schach zu halten ist. Lasse mich das anhand einer Parallele aufzeigen.

Ich erinnere mich, ein Buch über unsere "inneren Dämonen" gelesen zu haben, in dem erklärt wurde, dass wir alle den latenten Wunsch in uns tragen, schlechte oder sogar ziemlich böse Dinge zu tun, aber dass wir sie in Schach halten, und zwar recht leicht. In den Beispielen ging es um Ladendiebstähle, bei denen wir vielleicht kurzzeitig etwas mitnehmen wollen, aber unsere "guten Engel" (und Erinnerungen an elterliche Belehrungen!) sagen uns, dass wir es nicht tun sollen, und so tun wir es nicht. Wir würden vielleicht gerne einem unausstehlichen Kollegen k.o. schlagen, tun es aber nicht, weil wir wissen, dass es falsch wäre, das zu tun. Bei ernsteren Themen kann es sein, dass jemand von einer nicht verfügbaren Person oder sogar einer minderjährigen Person sexuell erregt wird, aber unsere angeborene Moral steht auf und beendet jede mögliche törichte Handlung. Es ist nicht so sehr ein Kampf, sondern eher eine einfache und häufige Entscheidung, das Richtige zu tun und nicht das Falsche.

Ähnlich verhält es sich mit leichten AB-Trieben: Eine Person könnte den Wunsch haben, Windeln zu tragen, aber ignoriert es einfach und geht sich selbst aus dem Weg, und kann sich davon abhalten, es jemals zu tun. Sie stellen sich vor, dass es falsch wäre, es zu tun, und entscheiden sich deshalb, es nicht zu tun. Auch das ist eine einfache Entscheidung, die man treffen kann.

Das Problem ist natürlich, wenn die Antriebe, all diese Dinge zu tun, nicht nur leicht, sondern mächtig sind und die Moral oder das Gewissen, die normalerweise im Weg stehen würden, sich oft als unzureichend oder ineffektiv erweisen. Was ist, wenn der Trieb, den Kollegen zu schlagen, viel zu stark ist und Du ein von Natur aus sprunghafter und sogar gewalttätiger Mensch bist? Was ist, wenn Du ein Kleptomane bist und Stehlen ein alles verzehrender Trieb ist? Das Gleiche gilt für starke Sexualtriebe, die die natürliche Fähigkeit, sie im Zaum zu halten, übersteigen. Und bei vielen AB's ist die Fähigkeit, den "Baby-/Windeltrieb" in Schach zu halten, nicht immer vorhanden. Der Trieb ist zu stark, um ihn zu ignorieren oder zu vermeiden, und so tragen sie Windeln und andere Sachen, ungeachtet des Risikos. Sie sind in einer sehr realen Weise eine Geisel ihrer "inneren Dämonen" oder in diesem Fall ihres inneren Babys.

All das soll sagen, dass diese „Low-Level-AB's", die es weitgehend in Schach halten, viel häufiger sind, als man denkt (oder leicht beweisen kann!) Das bedeutet, dass eine Person tatsächlich AB ist, es aber nicht wirklich zugegeben hat - weil sie es nicht muss. Wir müssen nicht zugeben, dass wir gelegentlich jemanden bestehlen oder schlagen wollen, weil das Verlangen flüchtig und leicht zu ignorieren ist. Wir definieren uns nicht als Diebe oder Schläger, weil wir uns eigentlich nicht als solche verhalten.

Es kann also sein, dass Du in Deiner Beziehung ein latentes AB hast, das nur die Gelegenheit und den Ermutigung braucht, um das verborgene Kind zu entfalten. Halte dahin gehend Ausschau, nur für den Fall! Aber bei den meisten Paaren ist der Partner *kein* latentes oder sonstiges Adult Baby, und so werden sie von Grund auf neu aufbauen müssen.

Was für eine Herausforderung! Fangen wir also damit an!

Kapitel 6: Die Entwicklung zum Baby - grundlegende Schritte

D ies ist der Punkt, an dem wir damit beginnen, Deinem Partner das Konzept, wieder zu einem *Baby* zu werden, vorzustellen. Natürlich sprichst Du es *nie* wirklich als solches aus. Du willst ihn ja nicht abschrecken, bevor Du überhaupt anfangen hast. Aber zunächst einmal: Was ist es, was Du suchst in diesem *Baby-Ding*? Wir haben über den mütterlichen Trieb gesprochen, aber was ist es, was wir an Babys so anziehend finden?

1. Sie sind klein
2. Sie sind abhängig
3. Sie brauchen Dich vor allem anderen
4. Sie tragen Windeln
5. Sie haben niedliche Kleidung
6. Sie haben einfache Spielzeuge
7. Sie können mit der Nuckelflasche oder an der Brust gestillt werden
8. Sie brauchen einen Schnuller
9. Sie schlafen sicher in einem Kinderbettchen

Ich bin sicher, Du kannst eine Reihe weiterer Elemente hinzufügen. Abgesehen von der physischen Größe sind die restlichen dieser Attribute auch bei einem Erwachsenen möglich.

Es gibt drei grundlegende Stufen bei der Entwicklung zum Baby:

1. Subtile Ermutigung
2. Offene Ermutigung
3. Offensives Fördern und Fordern

Dies sind recht grob eingeteilte Kategorien und zeigen eigentlich nur, dass es sich um ein Spektrum handelt, das mit den harmlosesten Handlungen beginnt und mit der mütterlichen Forderung endet, dass er ganz ein Baby sein soll. In den nächsten Kapiteln können wir uns diese drei grundlegenden Stufen gemeinsam ansehen.

Subtile Ermutigung

Nun, wenn es eine Kunst gibt, die Frauen kennen und anwenden und Männer nicht, dann ist es... Subtilität. Männer lieben Macht, Überredung, Argumente und Kraft und diese können sie sicherlich nutzen, aber Subtilität ist nicht eine ihrer Kernstärken.

Der beste Weg, diesen Prozess zu beginnen, ist, wenn Dein Mann am verletzlichsten ist. Nicht als Angriffsmittel, sondern wenn seine starken männlichen Abwehrkräfte unten sind und die wahre Person in seinem Inneren zugänglicher ist. Im Bett ist eine der besten Zeiten.

Fangen wir mit der Intimität an. In Filmen, Büchern und im Internet wird Sex oft so dargestellt, dass ein dominierender Mann eine schwächere und unterwürfige Frau überwältigt und penetriert. Aber diejenigen von uns, die in guten und gut funktionierenden Beziehungen leben - und ich gehe davon aus, dass die Leser dieses Buches in solchen sind - wissen, dass Intimität oft eine Zeit ist, in der die Masken fallen. Ein Mann ist verletzlicher und ehrlicher während körperlicher, nicht-sexueller Intimität. Kuscheln, Küssen, körperlicher Kontakt und ähnliches ist die Zeit für die subtile Frau, einige babyähnliche Aktivitäten einzuführen, die er niemals kommen sehen wird.

Welcher Mann mag keine Brüste? Keiner! Dein Partner liebt es bereits an Deinen Brüsten zu saugen, also versuchst Du es mehr wie eine kindliche Bindung zu gestalten. Setzt Dich auf ein Sofa und biete ihm Deine Brust an, während er sich hinlegt und stelle Dir dabei vor, dass er statt 1,80 Meter nur 45 Zentimeter groß und ein Baby ist. Halte Deine Brust für ihn, damit er von Dir "gestillt" werden kann, ähnlich wie beim Füttern eines Säuglings.

Das ist etwas anderes als sexuelle Intimität, auch wenn er das vielleicht nicht so empfindet! Erlaube und ermutige ihn, an Dir zu saugen wie ein Baby. Und vergesse nicht, dass Du zwei Brüste hast und ermutige ihn auch an der anderen Brust zu nuckeln.

Das ist wahrscheinlich die einfachste Sache, denn Männer jeden Alters können zu einer angebotenen Brust nicht nein sagen. Während er nuckelt, klopfst Du ihm leicht auf den Rücken, wie Du es bei einem Säugling tun würdest. Halte ihn fest an Dich gedrückt. Du kannst sogar sanft mit ihm sprechen, während er saugt und sogar einige kindliche Worte wählen. Übertreibe es nicht und dränge ihn nicht zu früh, aber biete ihm die Brust auch außerhalb des Schlafzimmers und außerhalb der sexuellen Intimität an.

Das braucht vielleicht etwas Übung und Ermutigung, denn Männer neigen dazu, Brüste mit Sex gleichzusetzen. Wir müssen sie jedoch dazu bringen, Brüste auch mit dem Säuglingsalter in Verbindung zu bringen.

Es widerstrebt mir, Sex als Belohnung vorzuschlagen, aber nach einer guten "Baby-Zeit" seid ihr vielleicht beide mehr als bereit für eine Belohnung! Wenn Dein Partner jedoch schnell herausfindet, dass die "Stillzeit" zum Sex führt, wird es nicht sehr schwer sein, ihn zum Weitermachen zu bewegen.

Ganz behutsam!

Offene Ermutigung

Hier haben wir eine breite Palette von Aktivitäten. Im vorherigen Abschnitt haben wir gesehen, dass simuliertes Stillen ein Auslöser für ein gewisses Maß an Babyverhalten sein kann. Jetzt ist der Zeitpunkt, an dem Du darauf aufbaust und es offen als eine "babyhafte" Handlung beschreibst. Sage Dinge wie "Möchte das Baby gefüttert werden?" auf humorvolle und offensichtliche Weise, bevor Du ihn an Deine Brüste legst, vorzugsweise außerhalb des Schlafzimmers, um zu unterstreichen, dass dies mehr als nur ein Vorspiel zum Sex ist. Du musst Dich nicht mehr verstellen und lasse ihn wissen, dass Du es genießt, dass er Dein Baby ist.

Ich möchte nun einen Abstecher zu dem machen, was ich "Auslöser" nenne. Auslöser sind Objekte, Gerüche, Handlungen oder Umstände, die eine Reaktion "auslösen".

Der erste Auslöser, wie Du sehen wirst, wird das Anbieten Deiner Brust sein. Wenn Du hartnäckig bleibst, werden die meisten Männer gerne die Rolle eines unterwürfigen Kleinkindes annehmen, um im Gegenzug Zugang zu Deinen Brüsten und die Erwartung eines anschließenden Geschlechtsverkehrs zu erhalten.

Die stärksten Auslöser sind Gerüche und einer der einprägsamsten davon ist Babypuder. Fast jeder setzt Babypuder mit eben Babys und vor allem mit Windeln gleich. Dies wäre eine gute Gelegenheit, Babypuder in irgendeiner Weise zu verwenden, so dass der verweilende Duft möglicherweise Erinnerungen an die Kindheit hervorruft, wenn auch nur unterschwellig.

Bei sexueller Intimität werden viele unserer normalen Regeln und Erwartungen beiseite geschoben. Zum Beispiel ist die Zahl der Männer, die nach dem Sex weinen, höher als die meisten erwarten würden. Eine Frau kann für ihren Partner sexy Dessous tragen, die sie sonst nie tragen würde, aber auch ein Mann kann sich ein kleines bisschen Cross-Dressing gönnen. Es ist keine Neuigkeit, dass Männer von den Höschen der Frauen fasziniert sind. Zum Teil natürlich wegen dem, was darunter ist, aber auch wegen der Vorstellung, selbst einen Slip zu tragen.

Der Höschen-Auslöser

Höschen können ein großartiges Hilfsmittel in diesem Bestreben sein. Schlage ihm während des Vorspiels oder einer dieser "verspielten Zeiten", die Paare von Zeit zu Zeit haben vor, Dein Höschen "nur zum Spaß" zu tragen. Du musst es vielleicht ein paar Mal vorschlagen und sogar ein bisschen energisch sein. Wenn er zögert, liegt das wahrscheinlich nicht daran, dass er nicht will, sondern daran, dass er es nicht zugeben will oder sich dadurch erregt fühlt. Aber dränge ihn dazu. Locke ihn in Dein Höschen.

Warum schlage ich das vor? Es ist doch gar keine babymäßige Aktivität!

Mein Argument ist, wenn Du ihn in Dein Höschen bekommst, damit auch eine Norm zu brechen, um seine Grenzen zu verschieben. Es gibt auch noch ein anderes Element. Das "innere Baby" Deines Partners ist vielleicht eher ein kleines Mädchen als ein kleiner Junge! Mache Dich deswegen nicht verrückt. Es ist weniger dramatisch als es klingt und ich spreche es später an, wenn ich über Sissy-Babys spreche.

Dein Höschen hat große Macht und Frauen wissen das schon seit Jahrhunderten. Das Hinterlassen des Slips auf seinem Kopfkissen kann als Auslöser für Sex, für Intimität oder einfach für ihn zum Anziehen und für Euch beide zur weiteren Bindung genutzt werden.

Sobald Du ihn dazu gebracht hast, Höschen gerne zu "besonderen Zeiten" zu tragen, ist es an der Zeit, ihm vorzuschlagen, dass er sie öfter trägt. Es ist wahrscheinlich am besten, wenn er dies nur zu Hause tut, aber lege ein paar davon in seine Unterwäscheschublade, damit er die Möglichkeit dazu hat. Wenn Du die Grenze beim Tragen von geschlechts- und altersspezifischer Unterwäsche durchbrochen hast, ist der Weg zur Windel nun einfacher.

Hier geht es nicht um Gender-Crossing. Es geht darum, Normen zu brechen, die Erwartungen zu erweitern und Deinem Partner zu erlauben, mit mehr als dem Üblichen zu experimentieren, aber dieses Mal mit Deiner Erlaubnis und Beteiligung. Und wenn er an Deiner Brust nuckeln möchte, so schlagen ihm vielleicht vor, dass es besser funktionieren würde, wenn er dazu auch ein Höschen anhätte.

Männer lieben Höschen aus einer Vielzahl von Gründen, also setze sie ein, um ihn auf die „Baby-Reise" zu schicken.

Fingerlutschen und orale Abhängigkeit

Wenn sich Dein Partner nach der "Stillzeit" hinlegt, überlege, ob Du Deinen Finger in seinen Mund steckst und ihn ermutigst, daran zu saugen, so wie es Babys tun. Versinnliche und verkindliche diese Aktion so gut Du es kannst. Der Vorteil ist, dass Du Deinen Finger leicht in seinen Mund stecken kannst, während Ihr auf der Couch fernseht oder im Bett liegt. Es kann ganz natürlich und einfach sein. Er wird es anfangs seltsam finden, aber bleibe hartnäckig und schaue, wohin es führt. Du könntest es zu einer lustigen Idee machen, indem Du Deinen Finger in Honig oder Marmelade tauchst und es wie einen Scherz behandelst, während Du ihn die ganze Zeit an die Idee der *oralen Abhängigkeit* heranführst.

Babys nuckeln an allem, was sie finden können. Mamas Brust, Finger, Zehen oder ihrem Schnuller. Ihre Hände, Füße oder jedes andere Objekt, das sie greifen können, gehen in den Mund. Sie sind sehr oral orientiert und Männer sind in dieser "oralen Abteilung" nicht weit dahinter, wenn man ihnen eine Chance gibt. Biete ihm Deine Brust oder Deinen Finger an, wann immer es möglich ist, aus welchem Grund auch immer, und nach einer Weile wird es natürlich und normal erscheinen.

Daumenlutschen ist eine faszinierende Sachse. Kinder haben natürlich oft dieses Problem und es muss von den Eltern angegangen werden, um die Daumen aus dem Mund zu halten. Es ist ein Überbleibsel aus der oralen Phase des Säuglings, das nicht immer leicht weggeht. Wäre es nicht herrlich, wenn Dein Partner auch am Daumen nuckeln würde?

Das ist in der Praxis nicht so einfach umzusetzen, wie wir es uns wünschen. Aber Du kannst damit anfangen, indem Du es selbst tust. Fange während Eurer Intimität an, am Daumen zu lutschen, und spiele dann halbwegs die Rolle eines kleinen Mädchens. Solange das gut funktioniert, schlage beim nächsten Mal vor, dass *er* die Rolle des kleinen Jungen spielt und lasse ihn am Daumen lutschen. Es könnte eine kleine Weile dauern, bis Du ihn davon überzeugt hast oder es sogar mag. Es gibt noch eine weitere Variante, die Du beim Rollenspiel einsetzen kannst. Bitte ihn, das kleine *Mädchen* zu sein*!* Stecke ihn in Dein Höschen, lasse ihn am Daumen lutschen und stellt

Euch vor, er sei das wehrlose Mädchen. Du wirst überrascht sein, wie er in dieser Rolle reagiert (und erigiert!). Bei Rollenspielen sind manche zurückhaltend, aber wenn Du mit einer einfachen Situation wie dieser beginnst, ist es auch einfacher.

Einer der stärksten Momente, um Deinen Partner zu beeinflussen, ist direkt nach dem Orgasmus, bevor die intime Phase vollständig vorbei ist. Das könnte der Zeitpunkt sein, um Dinge zu sagen wie *"Du bist wirklich mein Baby"*, *"Ich liebe dich in Höschen!"* oder einfach seinen Daumen wieder in den Mund zu nehmen und ihn zum Saugen zu ermutigen. Die Zeit nach dem Orgasmus ist eine Zeit der Glückseligkeit aber auch der Verletzlichkeit. Du könntest ihn motivieren, den Daumen in den Mund zu nehmen oder ihn wieder an Deine Brüste nehmen, ist die allerbeste Gelegenheit, um Intimität zu entwickeln und zu pflegen.

Ich kann nicht genug betonen, wie stark die orale Abhängigkeit ist. Nun ist es ziemlich offensichtlich, dass wir über Oralsex sprechen müssen, da dies kaum vermieden werden kann.

Babys sind sehr, sehr oral und Du willst das entwickeln und so ist es von unglaublicher Kraft, ihn zu ermutigen es zu tun und ihm eine Gelegenheit zu bieten.

Da es mir unangenehm ist, sexuelle Handlungen im Detail zu beschreiben, werde ich mein Bestes tun, um kurz und präzise zu sein.

Männer neigen dazu, objektorientiert zu sein, indem sie Dinge mit einem Ziel vor Augen tun. Für manche ist Oralsex eine Handlung, die ausschließlich auf das Ziel des Geschlechtsverkehrs oder des Orgasmus ausgerichtet ist. Aber Du willst, dass Dein Partner ein Interesse daran entwickelt, einfach nur "da zu sein". Lasse ihn über längere Zeit lecken, saugen und Du genießt das einfach, ohne dass das normale Ziel im Vordergrund steht. Es wird Zeit brauchen, vor allem, wenn dies nicht zu seinen Stärken gehört, aber Du willst, dass er mit Deiner Vagina genauso oral wird, wie er es mit Deinen Brüsten geworden ist.

Es ist klar, dass diese Form der oralen Abhängigkeit *nicht* infantil ist, aber sie entwickelt ein unterwürfiges Verhalten, das ebenso wichtig ist. Wenn sein Kopf zwischen Deinen Beinen liegt, hast Du die Kontrolle und er ist unterwürfig. Es ist wichtig, diesen Teil seines "Babytrainings" in Gang zu bringen. Du kannst auch darum bitten, dass er dabei ein Höschen trägt - natürlich nur zum Spaß 😊.

Wenn er nicht nur mit Sex, sondern mit besserem Sex belohnt wird, lernt er unterschwellig, dass die orale Abhängigkeit Vorteile hat. Höschen, orale Abhängigkeit und guter Sex. Bis jetzt läuft es gut, oder?

48

Kapitel 7: Mehr Babysein entwickeln

Der Schnuller

Wenn sich die orale Abhängigkeit entwickelt hat, ist es an der Zeit, einen größeren Schritt zu machen und physische Dinge einzuführen. Beginnen wir mit dem Schnuller eines Babys. Wenn wir an Babys denken, gibt es wenige Gegenstände, die allgegenwärtiger sind als ein Schnuller. Kannst Du Dir vorstellen, wie es für Deinen Partner wäre, einen Babyschnuller zu benutzen?

Die Einführung des Schnullers ist ein sehr großer Schritt, da es sich um einen Gegenstand handelt, der nur für ein Baby gedacht ist. Ich empfehle Dir dringend, anfangs einen echten Babyschnuller zu verwenden und keinen Erwachsenenschnuller. Das ist vielleicht ein zu großer Schritt, aber ein nicht so gut passender, zu kleiner Babyschnuller ist nicht ganz so einschüchternd - zumindest ist das die Theorie!

Genau wie ich bei der Einführung des Daumenlutschens vorgeschlagen habe, benutzt Du den Schnuller zunächst selbst und spielst zum Spaß das kleine Mädchen und bringe ihn dann dazu, ihn auch zu benutzen.

All dies beruht auf der Annahme, dass Dein Partner sofort mitspielt. Das mag stimmen, aber wahrscheinlich wird er sich dagegen wehren. Das Tragen Deines Höschens ist ironischerweise wahrscheinlich am einfachsten, denn 125% der Männer probieren Frauenhöschen mindestens einmal aus, damit liegst Du also richtig. Daumenlutschen ist nicht so häufig und was Babyschnuller angeht, damit gehst Du an eine Grenze. Aber gebe nicht auf, denn wenn Du ihn liebst und mit ihm arbeitest, wird er den Schnuller zumindest für eine kurze Zeit benutzen. Und wenn Du ihn erst einmal dazu gebracht hast, einen Schnuller im Bett zu benutzen, kannst Du ihn auch zu anderen Zeiten einsetzen.

Ich gehe davon aus, dass Du ihn inzwischen ziemlich oft auf der Couch „stillst", was er zweifellos genießt. Aber wie wäre es, wenn Du ihm, nachdem er fertig ist, einen Schnuller in den Mund steckst? Und wie wäre es, wenn er nach dem Orgasmus seinen Schnuller wieder zurückbekommt? Um ihn zu ermutigen, könnt Ihr beide einen Schnuller haben, damit er sich weniger unwohl fühlt.

Wenn das gut funktioniert, könnte ein Schnuller ein weiterer dieser Auslöser werden. Einen Schnuller auf sein Kopfkissen zu legen oder ihm einen zu geben, könnte ein Zeichen dafür sein, dass Du "besondere Intimität" möchtest - wie auch immer Ihr das definiert. Wenn er einen Schnuller sieht, beginnt er an alles zu denken, was das bedeuten könnte. Ich weiß, es klingt ein bisschen „pawlowisch" und es ist sehr unwahrscheinlich, dass es dazu kommt, aber zumindest intellektuell wird er die Verbindung herstellen. Ein Schnuller bedeutet Intimität, was auch Sex bedeutet, und plötzlich... ist er bereit!

Sobald es ein fester Bestandteil des Lebens wird - oder zumindest ein *akzeptierter* Teil, kannst Du einen Schnuller für Erwachsene besorgen. Das wird ein ziemlicher Schock für ihn sein, denn obwohl ein Babyschnuller ein Spaß ist und auch ein bisschen albern, ist er weder sehr effektiv noch passt er gut. Ein Schnuller für Erwachsene hingegen *passt in den* Mund eines Erwachsenen und kann lange Zeit darin bleiben. Und man kann sogar richtig an ihm nuckeln, ähnlich wie bei Babys. Wenn Du ihn daran gewöhnt hast, gelegentlich einen Erwachsenenschnuller statt eines Babyschnullers zu benutzen, kann das sehr aufschlussreich sein. Denn, wenn er sich leicht daran gewöhnt, dann hast Du es gut gemacht.

Lasse nachts einen Schnuller unter seinem Kopfkissen liegen, selbst wenn Du auch einen unter Deines legen müsstest. Es soll symbolisch sein und obwohl es höchst unwahrscheinlich ist, dass er ihn außerhalb der besonderer Zeiten benutzen wird, sei Dir bewusst, dass der Schnuller eines der ersten Dinge ist, die er benutzen wird, wenn Du unterschwellig das *Baby* in ihm (oder so) auslösen willst. Weil er eben griffbereit ist..

Windeln einführen

Auch wenn der Schnuller der zweithäufigste Gegenstand ist, mit wir ein Baby identifizieren, dann ist das stärkste Objekt selbstverständlich... die Windel.

Alle Babys tragen sie. Die meisten Kleinkinder tragen sie und viele ältere Kinder tragen sie viele Jahre lang nachts. Und *jedes* Adult Baby trägt sie. Das ist wahrscheinlich der Punkt, an dem sich unsere AB-Leser begeistern werden, denn für sie ist das Tragen von Windeln der absolute Kern ihres inneren Babys. Es ist das „Teil" mit dem sie angefangen haben und der Rest ihres *Babyseins* folgte danach.

Ich kann nicht genug betonen, wie absolut essentiell Windeln sind, wenn es darum geht, Deinen Partner zu babysitten. Ohne Windeln ist der Prozess unvollständig und nicht sehr befriedigend. Ich muss jedoch sagen, dass dies der Schritt sein kann, an dem Dein Partner die Reißleine zieht und Du entweder energischer und intelligenter vorgehen musst oder die bisherigen Erfolge mitnimmst und weitergehst. Eine Windel ist aufdringlich, dominierend, kraftvoll und steckt voller Bedeutung. Und das versteht er nicht.

Während Du Deinen Partner zum Baby machst, muss die Windelphase auf einer bereits entwickelten gehorsamen und devoten Beziehung aufgebaut werden. Ich spreche hier nicht von FemDom (weibliche Dominanz) oder FLR (weiblich geführte Beziehungen), obwohl, wenn so eine Konstellation vorhanden wäre, die Sache viel einfacher machen würde! Ich spreche von einer Beziehung, in der er nur zeitweise und auch nur teilweise pseudo-unterwürfig sein wird, durch die oben erwähnten Aktivitäten.

Er sollte gerne das gespielte *Stillen* praktizieren und Du solltest es offen als solches ansprechen. Er sollte an den Fingern lutschen und ab und zu einen Schnuller benutzen und natürlich sollte er sich, was Oralsex betrifft, enorm verbessern. Traue Dich ihm zu sagen, wie er besser machen kann. Männer wissen nicht wirklich, was sie tun, wenn man es ihnen nicht sagt... sage es ihm also.

Es hat lange gedauert, aber jetzt ist es Zeit für die Windel und es kommt jetzt auch die entscheidende Phase.

Wie viele andere finde ich, dass die traditionelle, quadratische Frottee- oder Flanellwindel, die an den Seiten festgesteckt und mit einer Plastikhose darüber benutzt wird, die beste Windel für einen Erwachsenen ist, die es gibt. Sie ist sperrig, wirkt extrem infantil und ist fast unmöglich zu verbergen. Aber sie ist auch schwieriger zu benutzen, zeitaufwändiger und wenn Du noch nicht wirklich ein Experte im Falten, Feststecken und Anlegen einer Stoffwindel bist, ist es am besten, wenn Du mit einer Wegwerfwindel beginnst. Du willst doch in dieser wichtigen Phase nicht straucheln und etwas so Wichtiges wie das Anlegen einer Windel vermasseln.

Im Gegensatz zum Schnuller kannst Du nicht mit einer kleinen Babywindel beginnen, es sei denn, Du gehörst zu den extrem schlanken

Menschen, die Frauen in meinem Alter sowohl mit Entrüstung als auch mit Bewunderung ansehen. Selbst die größten Windeln für Kleinkinder werden Dir wahrscheinlich nicht passen, und wenn Dein Partner größer ist, musst Du mit einer Windel für Erwachsene beginnen.

Wie zuvor ist es wahrscheinlich am besten, wenn Du zuerst die Windel trägst und die Rolle des kleinen Mädchens spielst und hoffentlich erschreckt dieses gespielte „Kleinkind" weder ihn noch Dich. Ich sage das, weil man das ehrlicherweise berücksichtigen muss. Denke daran, dass es in diesem Stadium noch sehr viel mit Intimität und Sexualität zu tun hat. Probiere einfach die Windel anzuziehen, den Schnuller hineinzustecken und sich einen Scherz daraus machen, und wenn es gut läuft, dann mache einfach weiter.

Besorge Dir zunächst eine einfarbige Erwachsenenwindel, das ist mein Vorschlag. Um das *Babyalter* richtig nachzuahmen, ist eine der vielen Windeln für Erwachsene mit kindlichen Motiven besser geeignet, aber es kann auch ein „rotes Tuch" sein. Wenn Dein Partner bisher mit Dir mitgegangen ist, könnte die Verwendung von offensichtlich erwachsenen Babyutensilien ihn erschrecken. Wenn er unterschwellig AB ist, wird es natürlich den gegenteiligen Effekt haben, aber wenn es hier eine goldene Regel gibt, dann die:

Gehe es langsam an. Halte immer eine Möglichkeit offen, leicht auszusteigen. Dränge oder schmeichele nicht, sondern führe nur. Behandele ihn mit Respekt und denke daran, dass das Ziel Euer gemeinsamer Nutzen ist, nicht nur Deiner. Habe keine Angst, Dich auch mal zu entschuldigen, wenn etwas schief läuft.

Er wird sich wundern, dass Du eine Windel trägst. Es ist nicht gerade üblich, aber er wird wahrscheinlich schon gemerkt haben, dass Du das alles bewusst tust, also beachte das und nutze es zu Deinem Vorteil. Wenn Du das erste Mal eine Windel trägst, lassen ihn mit Dir spielen und die Windel entfernen, bevor Du Dich auf Intimitäten einlässt. Schlage *ihm* beim nächsten Mal vor, selbst die Windel zu tragen und teste seine Reaktion. Es kann sein, dass er anfangs nicht damit einverstanden ist, sie zu tragen, und es kann einige Zeit dauern. Es ist ein großer Schritt nach vorne und wenn er ein paar Mal eine Windel getragen hat, bist Du auf einem guten Weg.

Durch das Rollenspiel, ein Kleinkind in einer Windel zu sein und an einem Schnuller zu nuckeln, erlaubt es ihm, jemand anderes zu sein, wenn auch nur zum Spaß und mit dem Ziel, Sex zu haben. Das ist gut für Ihn, so kann das bleiben. Lasse die Windel genau wie den Schnuller zu einem dieser Auslöseobjekte werden. Lege eine Windel auf sein Kopfkissen oder an eine andere offensichtliche Stelle als "Hinweis", dass Du spielen willst.

Bis zu diesem Punkt sind wir davon ausgegangen, dass ihr beide noch nicht darüber gesprochen habt, warum Du das tust. Das ist natürlich absurd. Während Männer tiefgründige Gespräche lieber vermeiden, vor allem über Sex und Gefühle, wird es irgendwann eine Diskussion über die eher ungewöhnlichen Dinge wie Schnuller und Windeln geben müssen. Auch Männer haben eine Belastungsgrenze, wenn es darum geht, über "Gefühle" zu sprechen. Irgendwann wollen sie "reden".

Ich würde vorschlagen, Du kommst mit Deiner Geschichte noch vor diesem Punkt und erzählst ihm jetzt ehrlich was Dich antreibt. Sagen ihm, dass Du ihn manchmal gerne wie ein Baby behandeln möchtest, aber sei auf ein paar Rückschläge vorbereitet und fügen dann *"in gewisser Weise, aber nur zum Spaß"* hinzu. Klar, Du es willst so sehr, dass er wie ein Baby behandelt wird, aber er muss trotzdem auf diese Reise mitkommen, auf der Du ihm schon weit voraus bist.

Wir haben noch nicht über den Hauptzweck einer Windel gesprochen, nämlich - *Pipi* rein zu machen.

Babys haben keinerlei Kontrolle über ihre Blase, daher der Grund für Windeln. Du und er hingegen habt (vermutlich) eine gute Kontrolle und die Windel ist bis jetzt nur eine Requisite. Aber das muss nicht so bleiben.

Dein Partner muss sich unbedingt damit angefreundet haben, gelegentlich eine Windel zu tragen, bevor Ihr dazu übergeht, sie auch nass zu machen. Und lassen Dich nicht täuschen. Dies ist einer der größten und wichtigsten Schritte, die er machen muss. Das Einnässen einer Windel als toilettentrainierter Erwachsener ist eine wirklich große Sache, und an dieser Stelle musst Du die Führung übernehmen. Vorzugsweise sollte Dein Partner seine Windel nass machen, ohne dass Du ihn dazu bringst. Wenn er Dein Baby sein soll, muss er irgendwann damit aufhören, Dir nachzueifern, und er muss seinen eigenen Weg finden.

Ein reales Problem ist, dass Männer nicht mit einer Erektion pinkeln (oder eine Windel nass machen) können und daher muss das Einnässen seiner ersten Windel Teil einer nicht-sexuellen Situation sein. Du kannst ihm anbieten, ihn zu "stillen" und dann vorschlagen, dass er sie einnässt, oder Du kannst ihn ein wenig necken und vorschlagen, dass er eine "unserer speziellen Windeln" trägt und sie vielleicht einnässt.

Wenn er seine Windel nass macht, mache eine richtig große Sache daraus und lobe ihn dafür! Und ja, belohne ihn. Nachdem er wenigstens zehn oder fünfzehn Minuten in der Windel war, nehme ihn mit ins Schlafzimmer und zelebriere mit ihm ein Rollenspiel "Baby wickeln" und sobald die nasse Windel weg ist... mache ihn glücklich, wie nur Du es kannst. Ich weiß, ich versuche zu vermeiden, pawlowisch zu sein, aber die Ansätze sind eben da!

All das klingt so einfach, nicht wahr? Aber im wirklichen Leben kann es eine ganze Weile dauern, ihn dazu zu bewegen, eine Windel zu tragen und auch einzunässen, und der Weg dahin kann verschlungen und schwierig sein. Der Plan, den ich oben beschrieben habe, ist nur die Basis und Du musst ihn an Eure eigenen Umstände anpassen. Aber sobald er eine Windel einnässt, solltest Du die Adult Baby Windeln mit kindlichen Motiven einführen und sehen, wie oft Du ihn dazu bringen kannst, sie zu tragen.

Im nächsten Kapitel sprechen wir wieder über die zwei Arten von Männern, die es gibt - die Adult Babys und die Nicht-Adult-Babys.

Kapitel 8: Adult Babys und solche, die es nicht sind

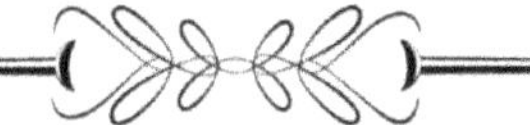

Wir haben schon einmal darüber gesprochen, aber jetzt, wo wir in der Phase sind, in der Dein Mann - auf Dein Drängen hin - mit Babysachen experimentiert, müssen wir es noch einmal ansprechen. In diesem Zusammenhang gibt es zwei Arten von Männern – Adult Babys und solche, die keine Adult Babys sind.

Wenn Dein Partner ein vollwertiges Adult Baby ist, dann ist ein Großteil des bisher Geschriebenen nur von geringem Nutzen, denn Du musst Deinen Partner nicht *zum* Baby *machen*. Er ist bereits eins. Einen Nicht-AB Partner herzunehmen und ihn in einem sinnvollen Umfang zu babysitten, ist etwas ganz anderes. Aber wie bereits angedeutet, gibt es noch eine dritte Kategorie und das ist das *"unterschwellige Adult Baby"*. Das sind diejenigen, deren AB-Wünsche klein und sacht sind, um sich ihrer entweder nicht bewusst zu sein oder nicht stark genug, um nach ihnen Handeln zu müssen.

Aber was ist, wenn Dein Partner zu dieser dritten Kategorie von "unterschwelligen Adult Babys" gehört? Du hast ihm jetzt einen Schnuller in den Mund gesteckt, ihm eine Windel angelegt und ihn zum Einnässen ermutigt. Unterschwellig oder nicht, sein innerer AB-Trieb wird mit tatsächlichen AB-Erfahrungen befriedigt. Was wird nun passieren?

Das wahrscheinlichste Ergebnis ist, dass er selbst sehr überrascht sein wird, wie sehr er den Schnuller und die Windel mag und dass es für ihn auf eine Weise "Sinn macht", die er nicht erwartet hat. Das wird wiederum dazu führen, dass er sich leichter auf mehr Babysachen einlässt oder auch sich aus Angst dagegen sträubt. Die Feststellung, dass Du gerne babysittest, kann für ihn auch beängstigend sein. Wenn das der Fall ist, musst Du sensibel und verständnisvoll sein. Er wird schließlich zum Babyverhalten zurückkehren, aber akzeptiere, dass seine Bedenken und Ängste berechtigt sind.

Sowohl im ausgeprägten AB als auch im *Neuen AB*, nicht mehr unterschwelligen AB geht etwas vor sich, das ganz anders ist als bei einem Nicht-AB. Ja, das ist ein ziemlich verwirrender Satz, also lasse mich das etwas genauer erklären.

Wenn Du die Werke von Dylan Lewis und Michael Bent liest, kannst Du lernen, dass ein Erwachsenenbaby zu sein nicht einfach ein Fetisch oder eine Affektiertheit oder ein bizarres Verhalten ist. Ein AB hat eine tatsächliche innere *Identität* eines Babys, die gelegentlich hervorkommt. Das ist zwar sehr vereinfacht, aber es bedeutet, dass ein AB, wenn er sich wie ein Baby verhält, per Definition ein *tatsächliches Baby* ist und nicht nur eines nachahmt oder ein Rollenspiel betreibt. Das nennt sich <u>Psychologische Regression</u> und ist in einigen dieser Bücher gut definiert. Es ist wichtig zu beachten, dass es <u>kein</u> Rollenspiel ist.

Mein Mann ist schon immer ein Adult Baby, zwar sehr leicht und so frönte er dem recht unregelmäßig. Obwohl ich davon wusste, war ich nicht gleich involviert – mir war es nur bewusst. Als ich mich entschied (das ist eine wirklich lange Geschichte), ihn zu wickeln, war es relativ einfach, damit anzufangen, weil er bereits daran gewöhnt war, Windeln zu tragen, einzunässen, und einen Schnuller zu benutzen. Aber er machte nicht viel und dehnte es auch nicht aus, und so nahm ich ihn an die Hand und machte ihn zu meinem Baby, mit allem was dazu gehört. Jetzt hat er ein Kinderbett, richtige Erwachsenenschnuller und Babysachen zum Anziehen und das ist auch eine andere Geschichte. Worauf ich hinaus will ist, dass Du, auch wenn Dein Partner bereits ein Adult Baby ist, alles darum erweitern kannst, lenken und Ihn zu dem Baby machen kannst, wie Du es willst, und ihn nicht nur von seinen inneren Trieben leiten lassen. Im Wesentlichen braucht er eine Mami und Du bist dabei, Dich freiwillig zu melden!

Adult Baby Regression ist keine Krankheit, die man bekommt oder etwas, das man sich aussucht. Aus der Literatur weiß ich, dass der Beginn in den ersten 2-4 Lebensjahren angelegt wird, und wenn man dann Erwachsen ist, ist man entweder ein *Adult Baby* oder eben nicht. Und nichts kann daran etwas ändern. Selbst wenn jemand ein unterschwelliges AB ist, und das noch nicht deutlich wurde im wirklichen Leben, so ist jener immer noch ein regressives Adult Baby. Er weiß es nur noch nicht.

Und was ist jetzt mit Deinem Partner, wenn er kein regressives AB ist? Das ist eine ganz andere Situation. Für AB's ist die Entscheidung, Windeln zu tragen und einzunässen, keine Wahlmöglichkeit - es ist ein tief verwurzeltes Verlangen und Bedürfnis. Für alle anderen - wie wahrscheinlich für Deinen Partner - ist es etwas, wovon er überzeugt werden muss, es zu tun. Es muss eine Begründung dafür geben.

Bis zu diesem Punkt im Buch habe ich die langsame und stetige Herangehensweise vorgeschlagen, denn wenn Du zu hart und zu schnell vorgehst, wirst Du es vermasseln, bevor Du überhaupt weiter kommst. Wenn es keine regressive AB-Seite gibt, auf die Du zurückgreifen kannst, kannst Du ihn über einen Rollenspiel wie ein Baby behandeln..

Rollenspiele im Schlafzimmer sind sehr beliebt und es gibt einige tolle Bücher darüber. Ich habe das Buch „*From Diapers to Diplomas* [Paul Rulof] gelesen und es bietet eine Menge ausgezeichneter Vorschläge für Rollenspiele, die auch Ageplay beinhalten. Ageplay ist eher ein Oberbegriff für diese Rollenspiele, das gedachte Alter reicht vom Baby bis zum jungen Teenager. Dieses Buch richtet sich natürlich an den Altersbereich des Rollenspiels im Kleinkindalter.

AB's verhalten sich wie Kleinkinder, weil sie buchstäblich ausleben, wer sie innerlich sind. Es muss nicht sexuell sein, und seine Ursprünge waren ohnehin nicht-sexuell. Rollenspieler sind wie Schauspieler, die eine Rolle ausfüllen, die ihnen Freude und Befriedigung verschafft und oft auch aus sexuellen Gründen geschieht. Beide Erfahrungen sind echt, entspringen aber ganz unterschiedlichen Quellen.

Du weißt wahrscheinlich schon, ob Dein Partner AB ist oder nicht. Der unterschwellige AB könnte eine große Überraschung für Dich sein, wenn er sichtbar wird, und wie Du bereits weißt, vermute ich, dass dies sehr oft der Fall sein kann.

Ich zitiere hier aus einer E-Mail, die ich im Rahmen der Vorbereitung für dieses Buch erhalten habe:

"Ich stimme zu, dass die immense Anzahl der getragenen Windeln die Frage aufwirft, wer trägt denn so viele Windeln? Und ich habe die Vorstellung, dass jeder, der eine Windel trägt und sie dann auch <u>benutzt</u>, dies nicht nur wegen des Rollenspiels tut. Wenn man Rollenspiele macht, trägt man sie und tut so, als würde man sie einnässen. Aber wenn man sie oft einnässt und es genießt, vermute ich, dass da ein Element der Regression im Spiel ist. Im Laufe der Jahre habe ich mich oft gefragt, ob es ein viel breiteres Spektrum an Adult Babys gibt, als wir vermutet haben, und dass für manche, die Gelegenheit, einfach ein Baby zu sein, alles ist, was sie brauchen. Deswegen habe ich mich gefragt, falls

unsere Gesellschaft das Tragen von Windeln und Babykleidung offen akzeptieren würde, eine sehr große Anzahl daran teilnehmen würde, weil die künstlichen Barrieren wegfallen. Warum sollte irgendjemand Windeln tragen und benutzen, ohne dass ein Bedürfnis dahinter steckt? Warum würde sich jemand wie ein Baby kleiden und verhalten, ohne einen inneren Antrieb zu haben? Schwer zu überprüfen und unmöglich zu beweisen, aber so wie es [*****] gemacht hat, ist das Tragen und Genießen einer nassen Windel mehr als ein Rollenspiel, gerade wenn keine Belohnung dafür angeboten wird..." Rosalie Bent

Wenn Du Deinen Partner babysitten willst, ist es die einfachste Sache bereits ein Adult Baby zu haben, aber lasse Dich nicht entmutigen oder abschrecken, wenn Du zunächst ein Rollenspiel einsetzen musst. Es kann immer noch eine Menge Spaß machen, wie Millionen bezeugen werden. Und mit der Zeit werdet Ihr den Unterschied vielleicht gar nicht mehr bemerken.

Kapitel 9: Extensives Babysitten für AB's und Nicht-AB's gleichermaßen (Teil 1)

Vor ein paar Kapiteln habe ich auf die drei Stufen des der Babybehandlung hingewiesen - subtil, offen und „aggressiv". Jetzt können wir uns mit der dritten Stufe beschäftigen.

„Aggressives" Babysitten - vom Vorschlagen zur Forderung

Um ehrlich zu sein, ist dieser Untertitel vielleicht eine etwas unglückliche Wortwahl, denn Aggression ist ein bisschen wie Gewalt oder Zwang. Was es jedoch bedeutet, ist, dass Du nun, nachdem Du eine Basis des *Babyseins* etabliert hast, die Verantwortung übernehmen musst. Das gilt für AB's und Nicht-AB's gleichermaßen.

In diesem Kapitel sprechen wir über diese beiden Gruppen und behandeln sie gleich, auch wenn ihre inneren Beweggründe unterschiedlich sind. Es ist nun an der Zeit, dass Du die Verantwortung für Dein *Baby* übernimmst und es dorthin führst, wo Du es haben willst.

*** Er wird mehr und mehr in Windeln gewickelt*
Du hast Deinen Partner bereits dazu gebracht, zumindest gelegentlich Windeln zu tragen und einzunässen. Jetzt ist es an der Zeit, mehr zu tun. Du musst ihn dazu bringen, dass er ein echter Windelträger wird. Damit meine ich, dass er nicht mehr nur ab und zu oder zur Belohnung Windeln trägt, sondern dass das Tragen von Windeln zu einem Teil seines normalen Lebens wird.

Es gibt viele, die 24 Stunden am Tag, sieben Tage die Woche Windeln tragen - 24/7. Dies muss nicht unbedingt Dein Ziel sein. Dein Ziel ist, was immer Deinem Wunsch entspricht, ihn als Baby zu behandeln und seine Mutter zu sein. Das könnte die recht einfache Routine sein, ihn jede Nacht in Windeln zu stecken und ihn dann aufzufordern, diese auch zu benutzen, anstatt nachts oder morgens auf die Toilette zu gehen. Es ist einfach, das sieht niemand und stört nicht viel im Alltag. Aber *wer* trägt Windeln im Bett und nässt sie ein? Babys und Kleinkinder!

Und natürlich muss er Windeln für Erwachsene mit Kindermotiven darauf tragen. Alles andere, wie der Gedanke, dass er sie wegen Inkontinenz oder Bettnässen trägt, wird durch das Benutzen von „BABY-WINDELN" in Erwachsenengröße ausgelöscht. Es sendet eine sehr, sehr starke Botschaft – DU bist ein BABY!

Jetzt wäre auch ein guter Zeitpunkt für Stoffwindeln. Es gibt eine riesige Auswahl an modernen und klassischen Windeln. Vielleicht ist es eine mehr britische Sache, aber die wenigen Mütter von AB's, die ich kenne, benutzen alle Frottee- oder Mullwindeln, dreieckig gefaltet und doppelt mit Windelsicherheitsnadeln festgesteckt und darüber eine Plastikhöschen mit Kindermotiven. Nimm Dir die Zeit und bemühe Dich, das Wickeln mit Stoffwindeln zu üben, denn es gibt nur wenige Dinge, die infantiler sind als Stoffwindeln und Gummihosen darüber! Dick, unbequem und zutiefst an die klassische Kindheit in der alten Welt erinnernd.

Der Wechsel von der Nachtwindel zum Tragen am Tag ist ein wichtiger Schritt. Es muss nicht jeden Tag oder die ganze Zeit sein, aber so oft, dass es fast Routine ist. Und Du kannst ihn an eine weitere Tatsache erinnern. Frage ihn, wer eigentlich Tageswindeln trägt? Nicht Bettnässer, nicht ältere Kinder, nein <u>nur</u> Babys und Kleinkinder. Erinnere ihn (freundlich) daran, dass er "wie ein Baby" ist. Bewerte sein Reaktionen darauf und dränge ihn nicht zu sehr, aber bliebe dran.

Es gehört zur klassischen Adult Baby-Erziehung, ihm die Toilette zu verwehren, wenn er 24/7 in Windeln ist. Da Du ihn endlich in Windeln hast, ist jetzt der Zeitpunkt, dies in die Praxis umzusetzen. Du kannst eine Ausnahme für das *große Geschäft* machen, aber das ist nicht unbedingt notwendig. Das ist eine persönliche Entscheidung, weil es eine starke (und stinkende) Erfahrung ist.

Windeln - besonders wenn sie nass und schmutzig sind - können in Anwesenheit eines anderen Erwachsenen demütigend sein. Auch vielen AB's ist es peinlich, wenn sie mit der Situation konfrontiert werden, dass ihre Windel nass ist und gewechselt werden muss. Einer der größten Wünsche der meisten AB's ist es, dass eine Frau ihnen die Windeln wechselt. Gleichzeitig kann es aber auch sehr peinlich sein, wenn diese Frau die eigene Ehefrau oder Partnerin ist. Eine fremde Frau könnte seine Windel wechseln, aber wenn jemand, den man liebt und verehrt, mit seiner durchnässten oder gar *braunen* Windel zu tun hat, ist da sehr demütigend. Um ehrlich zu sein, ich liebe das!

Selbst jetzt, wo ich schon viele Jahre seine benutzten Windeln wechsele, ist es meinem Mann immer noch ein bisschen peinlich. Er würde es lieber selbst machen, als mich zu lassen. Aber die meiste Zeit über möchte ich es tun. Und meine Damen, auch schmutzige Windeln lassen sich mit etwas Übung und einem Berg von Babytüchern leicht bewältigen!

Hast Du bemerkt, dass ich darüber gesprochen habe, dass *Du* seine Windeln wechselst? Bis jetzt habe ich diesen Aspekt nicht angesprochen, denn wenn Du mit Babysitten abfangen hast, kann das Windelwechseln doch ein Schritt zu weit sein für ihn. Das sehr intim,, sehr bloßstellend und auch verletzlich. Und doch ist es auch fabelhaft!

Die tiefsten Erfahrungen beim Babysitten eines Erwachsenen ist das Wechseln nasser Windeln und das Füttern mit der Flasche. Es ist auf eine überwältigende Weise unglaublich intim und durch und durch einfühlsam. Es ist die Antithese des mächtigen Mannes, der die schwache Frau unterjocht. Es ist ein infantiler Mann, der die zärtliche Fürsorge und die Entscheidungen einer Mutter braucht - der mächtigsten Frau, der ein Mann jemals wirklich begegnet.

Es gibt viele Beiträge über das Windelwechseln von Erwachsenen, und ich will Dich nicht damit langweilen. Nur jetzt ist der Zeitpunkt, an der *Du* alle diese Utensilien einkaufst. Besorge Dir eine Wickelunterlage in Erwachsenengröße, auch wenn Du es nicht glaubst, dass Du eine brauchst. Verwende Babycremes, Babytücher, sehr viel Babypuder und kümmere Dich intensiv um Dein "Baby" und dessen Windelbereich. Je nach körperlichen Beschaffenheit und Flexibilität könnt ihr das auf dem Bett oder auf dem Boden tun. Fortgeschrittenere (und wohlhabendere) Paare haben vielleicht einen speziell angefertigten Wickeltisch. Wir haben keinen, weil wir ihn nirgendwo hinstellen könnten und das Bett sehr gut dazu funktioniert.

Suche nach immer mehr Gründen, ihn in Windeln zu stecken. Ihr fahrt in den Urlaub? Lege ihm Einwegwindeln für die Reise an. Wenn ihr ins Theater geht – Windeln! Drinnen bleiben an einem kalten Wintertag - Windeln für den ganzen Tag!

Nun die etwas diffizile Diskussion über *volle Windeln*. Das ist eine Frage der Vorliebe und des Geschmacks. Sicherlich ist es echter, wenn Dein Baby die Windeln vollkackt, aber die Entscheidung liegt immer noch bei Dir, denn selbst wenn Du verlangst, dass *es* seine eigenen schmutzigen Windeln wechselt, wirst Du es immer noch mit Deiner Nase "erleben". Schmutzige volle Stoffwindeln sind sogar noch mehr Arbeit. Aber die Entscheidung liegt bei Dir und nur bei Dir. Wenn Du es mit ihm besprichst, ist es völlig in Ordnung, ihm zu sagen, dass bei Windeln *alles* in die Windel zu gehen hat, *Pipi und Groß.*

Auch die Häufigkeit des Wechsels ist Deine Entscheidung. Manche (reale) Mütter wechseln sie ihren kleinen Lieblingen alle paar Stunden oder sogar schon, wenn die Windel erst leicht feucht ist. Typischerweise ist das bei den ersten Babys der Fall. Beim zweiten und den folgenden Kindern stellen Mütter fest, dass es unnötig ist und sie sowieso keine Zeit dafür haben. Moderne Wegwerfwindeln halten die Nässe weitgehend von der Haut fern und so fühlt sich das Baby trocken an, bis die Windel voll ist. Das Gleiche gilt für Erwachsenenwindeln und eine sehr gute hält bei den meisten Menschen 12-14 Stunden, bevor sie gewechselt werden muss. Bei Stoffwindeln ist es anders: Sie fühlen sich vom ersten Einnässen an nass an. Das bedeutet aber nicht, dass Du sie deswegen öfters wechseln musst. Ihn eine Zeit lang in einer durchnässten Windel zu lassen, kann sehr babyhaft wirken, also überlege Dir, wie Du das möchtest. Und ich kann aus eigener Erfahrung sagen, dass eine extrem durchnässte Frotteewindel, die durch das Gewicht herunterhängt und an den Windelsicherheitsnadeln zieht, ein ziemlich krasser Anblick sein kann. Sehr babyhaft. Sehr peinlich und auch sehr reizvoll.

** Baby-Kleidung für Dein neues „Baby"

Als Frau liebe ich natürlich Kleidung. Als ich noch eine junge Mutter war, liebte ich es, jede Menge Sachen für mein kleines Baby bzw. Kleinkind einzukaufen. Habe ich zu viel gekauft und zu viel ausgegeben? Meinem Mann zufolge, ja, aber so etwas wie zu viele Kleider gibt es nicht, oder, meine Damen? Ich hatte sowohl Jungen als auch Mädchen und habe es geliebt, Kleidung für sie zu kaufen oder sogar selbst zu nähen. Die strengen Regeln der Mode gelten nicht wirklich für kleine Kinder. Mädchen können unverschämt hübsche und feminine Kleider und andere Outfits tragen und die Jungs können Kleidung tragen, die praktisch und hübsch ist! Mädchen bekommen mit Sicherheit die neuste Babymode, genauso wie erwachsene Frauen die meist fabelhaften Outfits zur Auswahl haben.

Aber was ist mit Deinem großen Baby? Genauso, wie „Kleider Leute machen", macht Babykleidung das Baby!

Was Du in Bezug auf Babykleidung tust, hängt sehr davon ab, wie oft Du babysitten oder wie weit Du gehen kannst, bevor Du von Deinem Partner zurück gewiesen wirst. Wenn Du einen richtigen AB-Partner hast, wird er mehr und mehr Kleidung haben wollen und es gibt kein Ende. Ein unterschwelliges AB wird unsicher sein und Du brauchst Zeit, um ihn zu Babykleidung zu führen und bist dann sehr überrascht, wie sehr er sie genießt. Ein Nicht-AB wird sie wahrscheinlich nur für "bestimmte Zeiten" wollen - normalerweise als Rollenspiel, das zu Sex oder anderer Art und Weise zu Intimität und Belohnung führt.

Hier kommt ein Hinweis, der aus meiner Praxis resultiert. Wenn Du möchtest, dass Dein Partner viel Babykleidung trägt - z.B. nachts und teilweise auch tagsüber - kaufe ihm gute Kleidung. Grundsätzlich gibt es „Kostümbekleidung" und richtige Babykleidung in Erwachsenengröße. Kostüme sind billig und einfach und eignen sich für das gelegentliche Rollenspiel, aber wenn er viel Babykleidung tragen soll, kaufe gute Kleidung, die sich gut tragen lässt und was wichtig ist, richtig gewaschen werden kann. Babykleidung wird immer schmutzig und das ist bei Kleidung für Erwachsene nicht anders.

Die besten Angebote gibt es auf eBay, aber auch die meisten ABDL-Geschäfte haben welche oder Links zu gut sortierten Online-Shops. Achtung, solche AB-Anziehsachen sind wirklich teuer. Das kann ärgerlich und frustrierend sein, aber bedenke, dass jeder Artikel in der Regel individuell angefertigt wird. Es gibt keine Fabrik in der Dritten Welt, die AB-Kleidung für $10 das Stück herstellt.

** *Kleidungsbasics für Adult Babys*

Von nun an werde ich nicht mehr zwischen unseren drei identifizierten Typen von Babys unterscheiden - echte AB's, unterschwellige AB's und Nicht-AB's. Die Tipps und Anleitungen sind von hier an ziemlich allgemein gehalten und gelten für alle drei Gruppen. Ich werde sie auch alle als Adult Babys bezeichnen.

Erwachsene Babys brauchen Windelbodys. Wenn Sie Windeln unter normaler Kleidung tragen und damit das Haus verlassen, dann sind Windelbodys aus zwei Gründen unverzichtbar. Der erste Grund ist, dass sie lang sind und im Schritt geknöpft werden, so dass die Windel komplett bedeckt ist und nicht versehentlich durch Bücken oder ähnliches entdeckt werden kann. Ich denke, das ist ein sehr wichtiger Aspekt beim Babysitten Deines Partners. Du willst ihn nicht bloßstellen in der Öffentlichkeit in

Verlegenheit bringen oder demütigen. Besorge Dir also im Vorfeld ein paar schlichte Windelbodys, bevor Du ihm andere Babykleidung anziehst. Der zweite Grund ist, dass eine nasse Windel dazu neigt, durchzuhängen, und ein Strampler kann helfen, sie an ihrem Platz zu halten. Es gibt jetzt auch eine große Auswahl an farbigen und sogar mit Babymustern versehenen Windelbodys, die in heimischer Umgebungen getragen werden können. Probiere sie aus!

Adult Babys brauchen einen Strampler mit Füßen. Ich denke, dies ist ein sehr grundlegender Artikel, da jedes AB schläft und die Nacht die einfachste und bequemste Zeit ist, um Deinem Partner stundenlanges Babysein zu ermöglichen. Und ein Strampler ist ein wesentlicher Bestandteil im Leben eines jeden Babys. Bei kaltem Wetter kann ein Flanellstrampler Dein Baby die ganze Zeit über warm halten, selbst wenn die Bettwäsche mal verrutscht. Bei wärmerem (aber nicht heißem) Wetter ist ein Baumwollstrampler ebenfalls sehr geeignet und im Allgemeinen auch kühlend.

** Spielkleidung

Babys lieben es zu spielen, ebenso wie Kleinkinder und kleine Kinder, und als solches braucht jedes Baby "Spielkleidung". Es gibt in der Regel robustere, leicht waschbare Kleidung, die Dein Baby beim Spielen mit Spielzeug, beim Herumkrabbeln und beim Essen usw. tragen kann. Sie sind in der Regel lange haltbar und, ganz wichtig - einfach zu waschen. Mein Baby hat ein wunderschönes weiß-rosa Babykleid mit aufgestickten Tieren. Es ist knielang und mit weißer Spitze gesäumt. Absolut bezaubernd, jedoch ein Albtraum zum Waschen, Bügeln und Sauberhalten. Wunderschön für besondere Anlässe, aber wenn er auf dem Boden spielen will... ziehe ich etwas einfacher zu Reinigendes, etwa sowas wie einen Strampler vor.

Ein Tipp, wenn Dein Baby krabbelt, ist ein Kleid keine so gute Idee, weil unpraktisch. Besser sind Windelbodys oder Baby-T-Shirts mit Hosen und noch besser, Strampler mit Füssen.

** Spezielle Event-Kleidung

Also, was meine ich mit "besonderes Ereignis"? Nun, es ist wirklich jede andere Zeit, die keine Spielzeit ist. Die Gelegenheiten für Adult Babys, wirklich Babys zu sein, sind sehr auf zu Hause beschränkt und so können "besondere Zeiten" sein, was immer Du möchtest. Auch wenn es vielleicht in die Kategorie "zu viele Informationen" fällt: Wenn mein Baby und ich Sex haben, ziehe ich ihm oft ein komplettes Baby-Outfit an, füttere und spiele mit ihm und nehme zu gegebener Zeit die Windel ab. Ein Kleidchen ist perfekt dafür, ein Strampler in diesem Fall, wirklich, wirklich nicht!

Vielleicht möchtest Du auch nur, dass Dein Partner an einem Abend, an dem er nichts spezifisch Babymäßiges tut, ihn aber trotzdem in Babykleidung haben.

** *Extra Optionen*

Es gibt fast keine Grenzen für die Kleidung, die ein Baby tragen kann. Ein klassischer, altmodischer Artikel ist die Mütze und die Schühchen. Man kann sie natürlich immer noch bekommen, und manchmal, wenn man sucht, kann man Verkäufer finden, die gestrickte oder aus Spitze gefertigte Hauben und Schühchen anbieten. Ich bin ein Fan von Klassikern und habe einige gestrickte Mützen und Schühchen für mein Baby. Die Häubchen sind schön und halten den Kopf warm (das braucht er jetzt!). Booties sind toll für das Bett (oder das Kinderbett?), werden aber sonst schnell schmutzig. Leggings sind toll für unter einem Babykleid und bei kühlerem Wetter ein absolutes Muss.

Fäustlinge benutzen wir persönlich nicht, aber ich weiß, dass es durchaus üblich ist, einem Baby Fäustlinge anzuziehen, vor allem solche, die man fixieren kann.

** *Jungen in Mädchenkleidern?*

Bei Babys wird das Geschlecht als unwichtig angesehen, aber man sieht immer noch die meisten Mütter, die ihre Babys entweder in geschlechtstypische oder Unisex-Outfits kleiden. In den 50er und 60er Jahren trugen Baby-Jungen oft geraffte Kleider oder ähnliches, heute jedoch, nicht mehr üblich. Aber da Du die volle Verantwortung für die Kleidung Deines Babys trägst, kannst Du Deinen kleinen Jungen ruhig in ein Kleid in rosa und Spitze stecken, wenn Du das willst! Das kann eine Menge Spaß machen und das Erlebnis ein wenig aufregender gestalten, besonders wenn er *keine* mädchenhaften Kleider tragen möchte... und vielleicht sogar noch aufregender, wenn er sie *doch* mag!

Das Wichtigste ist, dass Du den Level des *Babyseins* bestimmst, den Du haben willst, und ihn dafür anziehst. Du kannst es nicht übertreiben (solange Du Dir das leisten kannst) und das Anziehen eines AB's kann eine Menge Spaß machen, denn es gibt keine festen Regeln.

Nun, da wir das Anziehen von Jungen in Mädchenkleidern angesprochen haben, lasse uns über Gender-Bending und Adult Babys sprechen.

Kapitel 10: Gender-Bending und das Sissy-Baby

Wenn man viel Zeit in der Welt der Adult Babys verbringt, entdeckt man sehr schnell das 'Sissy Baby' - die AB-Männer, die sich als Babymädchen anziehen. Und sie sind auch nicht selten. Basierend auf meiner durch und durch unwissenschaftlichen Methode, soziale Medien und andere AB-Seiten zu beobachten, würde ich schätzen, dass etwa die Hälfte der AB-Männer auch Sissy-Babys sind.

Ich möchte Evelyn Hughes für ihren bemerkenswerten Einblick in „Sissy Babies" danken. Ihr Buch - *Sissy Babies - the ultimate submissive* - hat mir geholfen, dieses Thema noch besser zu verstehen. Zum Vergleich: Mein AB-Mann ist das, was ich ein "irgendwie, manchmal, Sissy-Baby" nenne. Das heißt, manchmal möchte er ein kleiner Junge sein und manchmal möchte er in einem hübschen Babykleid herumhüpfen und an einem rosa Schnuller nuckeln.

Das ist wieder typisch für mich, dass ich nicht in diese Schublade passen will? Ich habe in der Schule auch nie so recht in die Schublade des braven Mädchens gepasst und so scheint es passend, dass mein Baby-Ehemann auch nicht so recht in die entsprechende Schublade passt. Aber seien wir mal ehrlich. Es spielt keine Rolle. Er genießt, wer er ist und findet es befriedigend und angenehm. Ich fühle dasselbe. Das ist mehr als genug. Und das zu finden, was für Dich und ihn funktioniert, darum geht es hier.

Wenn Du Deinen Partner babysittest, wäre der normale Vorgang, dass Du Deinen erwachsenen männlichen Partner nimmst und ihn dazu bringst, ein männliche AB-Partner zu sein. Wahrscheinlich wird das die meiste Zeit über auch so funktionieren. Aber lasse uns einen kleinen Schritt zurückgehen in die Phase, in der Du ihn "zum Spaß" in Dein Höschen gesteckt hast. Wie hat das geklappt? Wurde er sehr schnell erregt? Hast Du bemerkt, dass er *es* ein bisschen zu sehr mochte? Es könnte nichts bedeuten, denn die meisten Männer mögen Höschen aus einer Reihe von Gründen ein bisschen und manche Männer werden bei einem einzigen Gedanken daran erregt, also... kann es schwer zu sagen sein. Aber wenn Du ihm einen Schnuller gegeben hast, hast Du dann auch einen rosafarbenen probiert? Normalerweise wissen wir was unsere Männer wollen, weil es gewisse Anhaltspunkte gibt. Also denke ein paar Minuten darüber nach. Glaubst Du, dass ein bisschen Weiblichkeit ihm einen heimlichen Nervenkitzel verschafft, auch wenn er es vor sich selbst noch leugnet?

Wenn Du Deinen Partner wie ein *kleines Mädchen* behandelst, könnte das ein besonders lustiger und angenehmer Aspekt sein. Lasse uns zunächst ein paar Ängste und Irrtümer ausräumen.

- Ein Sissy-Baby zu sein, bedeutet nicht, dass man transgender ist.
- Ein Sissy-Baby zu sein, bedeutet nicht, dass man ein Crossdresser ist.
- Ein Sissy-Baby zu sein, bedeutet nicht, dass man schwul ist.

Nun, es gibt absolut nichts Falsches an all diesen Dingen, aber allein das Tragen von Sissy-Baby-Kleidung, während man ein Baby ist, mit einem dieser Dinge gleichzusetzen, ist einfach nur dumm und völlig falsch.

Für einige regressive Adult Babys ist das Sissy-Baby-Sein mehr als nur eine Wahl, sondern vielmehr ein Aspekt ihrer Identität. Ihre *innere Identität* ist nicht nur ein Baby, sondern auch ein kleines *Baby-Mädchen*. Ein Sissy-Baby zu sein ist also etwas, was für sie natürlich, normal und angemessen ist. Und ein *Baby-Mädchen* zu sein, bedeutet keineswegs, dass sie auch ein *erwachsenes Mädchen* sind. Die beiden sind getrennte Identitäten und durchaus in der Lage, verschiedene Geschlechter zu sein. Schauen Sie sich Evelyns Buch an, um mehr Details über das Innenleben von Sissy-Babys zu erfahren.

Aber egal, ob Dein Partner ein *"inneres Mädchen"* ist oder nicht, es kann eine Menge Spaß und Dominanz bedeuten, wenn Du ihm ab und an Mädchenkleidung anziehst. Was auch immer Du tust, schaue Dir die riesige Auswahl an Sissy-Babykleidung an. Sie sind großartig und in vielen Fällen einfach bezaubernd. Vielleicht wünschst Du Dir, dass Dein Partner ein Sissy-Baby wäre, nur um ihn einige dieser wunderbaren Kleider und anderen Outfits anziehen zu können. Vielleicht möchtest Du sogar selbst eines davon anprobieren, wenn niemand anderes hinsieht, und wünschst Dir, Du wärst noch jung genug, um es zu tragen! Aber Du bist ja kein Baby ... oder doch? (dazu später mehr!)

Aber die Essenz, sein Baby zu versorgen ist die mütterliche Kontrolle und Fürsorge. Es ist immer noch Deine Entscheidung, was Dein Baby trägt, und obwohl es verantwortungsvoll ist, auch seine Wünsche zu berücksichtigen, solltest Du, wenn er nicht vehement dagegen ist, zumindest ein paar Babykleider in seinen Kleiderschrank legen! Du wirst es nicht bereuen und er wird es auch nicht.

Und es ist nicht nur die Kleidung, die "sissy" ist. Wie wäre es mit einem rosa Schnuller? Und seine Windeln gibt es auch in rosa und Plastikhosen gibt es in einer breiten Palette von Baby-Mädchen-Mustern. Und wenn Du Windelnadeln verwendest... „go pink, no matter what☺"

Wenn Du ein Kinderzimmer einrichtest (ja, das ist eine Option, über die wir später sprechen), kannst ein Mädchen-Thema, ein Jungen-Thema oder ein bisschen von beidem wählen.

Jetzt, wo wir über Sissy-Babys sprechen, was ist mit einigen Dingen der Weiblichkeit, die entschieden *nicht* infantil sind. Hast über einen BH nachgedacht? Das könnte die Dinge wirklich anheizen und was ist mit Nagellack und Make-up? Ein bisschen billiger Schmuck? Und dann gibt es noch eine wirklich seltsame Sache, die überraschend häufig vorkommt, nämlich die Menstruation und die Verwendung von Binden und Tampons. Ich werde dieses Thema hier nicht ansprechen, da es andere Bücher gibt, die sich damit befassen. Aber Du kannst etwas *erwachsene Weiblichkeit* ins Spiel bringen und das Ergebnis wird großartig sein. Rosa lackierte Fingernägel z.B. beim Spielen auf dem Boden mit Spielzeug oder... beim Sex? Lippenstift und Make-up können entweder wunderbar sein oder... auch nicht. Probiere es aus und sehe selbst, was passiert.

Jetzt möchte ich ein wichtiges Konzept diskutieren, das Du vielleicht noch nicht bedacht hast. Wie alt soll Dein Baby "sein" und wenn es schon immer ein Adult Baby ist, wie alt ist es dann schon?

Wie Du Deinen Partner zum BABY machst! –
Ein Ratgeber für Frauen

Kapitel 11: Wie alt ist Dein Baby?

"Eines der wichtigsten Elemente im Leben Deines „Little One" ist, wie alt es ist. Babys und Kleinkinder unterscheiden sich enorm in ihren Bedürfnissen und Verhaltensweisen, die allein auf dem Alter beruhen, und so ist es auch bei regressiven Littles. Wenn sich Dein Baby vollständig zurückentwickelt, kehrt es in ein bestimmtes Alter oder vielmehr in einen Mix aus verschiedenen Altersstufen zurück. Du musst wissen, wie alt sie sind, weil sie sich selbst nicht richtig kennen. Es ist auch wichtig zu wissen, dass Dein Baby, wenn es sich nicht vollständig zurückentwickelt, sich selbst in einem anderen - meist höheren - Alter parkt, das vielleicht einfacher zu handhaben und zu akzeptieren ist, aber nicht die volle Akzeptanz und Erfahrung seines echten zurückentwickelten Alters bedeutet. Die Anwesenheit als akzeptierender und hilfreicher "Elternteil" kann es ihnen ermöglichen, ihr richtiges und wahres Alter zu erreichen. "

Es ist wahr, wie es Rosalie Bent oben beschreibt, denn ich habe es selbst so erlebt. Als ich das Leben meines *Babys* noch nicht akzeptierte oder daran teilnahm, schien er sich wie ein 3-4-Jähriger zu verhalten (aber immer noch in Windeln!) und er fühlte sich in meiner Nähe unwohl. Sobald ich sein „kindliches ICH" als real und für beide Seiten angenehm akzeptierte, war er frei, er selbst zu sein, und ich sah, dass er sich mit der Zeit immer jünger verhielt, bis er bei etwa 18 Monaten gefestigt schien, mit ein paar unter „12 Monate alten Handlungen", die als gute Maßnahme (und zur Verwirrung) eingestreut wurden. Das war auch der Zeitpunkt, an dem seine "manchmal – irgendwie Sissy" Seite offensichtlich wurde.

Wenn Du es ernst meinst mit der Pflege Deines Partners, musst Du ihm die Freiheit lassen, sein eigenes wahres Alter zu entdecken. Die Argumentation ist einfach. Es ist gut für ihn, gut für Dich und jeder profitiert davon. Es ist in vielerlei Hinsicht eine Entdeckungsreise, und Du lässt Dein Baby einfach erforschen und experimentieren und Du folgst ihm und beobachtest das Wunder, das sich ereignet. Anstatt älter zu werden, werden sie immer jünger, bis sie ihren eigenen Platz gefunden haben. Rosalie hat über ihr eigenes *kleines Mädchen* geschrieben, von dem sie annahm, es sei drei Jahre alt, bis sie es gewähren ließ und es zu einem Mädchen von etwa 12 Monaten wurde, das sich oft auf ein Alter von drei Monaten zurückentwickelt. Es ist erstaunlich, darüber nachzudenken und absolut bemerkenswert, zu beobachten, wie das wahre innere Baby des Partners zum Vorschein kommt.

Wenn Du einen regressiven *erwachsenen Babypartner* hast und ihm die Möglichkeit und Unterstützung gibst, wirst Du sehen, wie ein „sehr viel jünges Kind" erscheint und in vielerlei Hinsicht so natürlich und authentisch wirkt - weil es so ist.

Selbst wenn Dein Partner keine Form eines regressiven Erwachsenenbabys ist, experimentiere immer mit dem Alter, das für Euch beide am besten funktioniert, während Du ihn babysittest. Denke daran, dass Du ihn zum gegenseitigen Vergnügen und Nutzen babysittest. Als Erwachsener wie ein Baby gepflegt zu werden, kann bemerkenswert beruhigend und stressreduzierend sein und auch eine Menge Spaß machen. Vor allem, wenn es letztendlich zu tollem Sex führt. Aber auch in diesem Zusammenhang gibt es einen Sweet Spot für das Alter. Fühlt er sich beim Krabbeln wohl? Mag er ein Fläschchen genauso gern wie die Brust?

Nimm Dir die Zeit und genieße die Reise, um herauszufinden, wie alt Dein Baby tatsächlich ist.

Kapitel 12: Extensives Babysitting für AB's und Nicht-AB's gleichermaßen (Teil 2)

Deinen Partner zu Babysitten, kann sehr einfach oder auch sehr umfangreich sein, so wie Du es eben machst. Es kann gelegentlich, oft, regelmäßig oder sogar nahezu in Vollzeit sein. Lasse uns einen Blick darauf werfen, was Du tun kannst, um sein Babyleben umfangreicher und erfüllender zu gestalten.

24/7-Windeln

Windeln sind ein wesentlicher Bestandteil eines Babys und wohl das wichtigste Element. Dein Baby *muss* einfach in Windeln sein. Aber wie oft solltest Du es in Windeln stecken?

Nun, die klare erste Antwort ist, wann immer Du ihn babysittest, muss er in Windeln sein. Ohne Windeln funktioniert das nicht. Und damit Windeln wirklich effektiv sind, müssen sie benutzt werden, d. h. sie müssen mindestens eingenässt werden. Und wenn Du es wirklich auf die Spitze treiben und das Babysein steigern willst, bestehe auch auf *schmutzige* Windeln. Vorausgesetzt, Du kannst damit umgehen, macht es das Babysein viel echter und kraftvoller (wenn auch stinkend!)

Nach dem er nun Windeln in den offizielle Babyzeiten trägt, ist es eine einfache Aufgabe, auch nachts auf Windeln zu bestehen. Sie sind sehr bequem zu handhaben und niemand kriegt das mit. Aber wie wäre es, wenn er Windeln auch tagsüber benutzt? Du kannst damit beginnen, auf das Tragen und die Verwendung von Windeln während eines Teils des Tages zu bestehen und dann auf immer öfter zu drängen. Es kommt die Zeit, in der Du über das Tragen von Windeln die ganze Zeit oder fast die ganze Zeit bestehen kannst.

Die Umstellung auf Windeln tragen rund um die Uhr ist schon sehr aufwendig, weil es viele Anforderungen an ihn stellt und viel mehr Planung erfordert. Ohne Inkontinenz als Antrieb könnte es schwierig sein, ihn davon zu überzeugen, sie rund um die Uhr und alle Tage zu tragen. Wenn er ein hochgradig regressives Adult Baby ist, will er es wahrscheinlich sowieso unbedingt haben, also ist es in diesem Fall wahrscheinlich eine Win-Win-Situation. Wenn nicht, musst Du daran arbeiten und eine für beide Seiten akzeptable Lösung finden.

Es gibt einen sehr großen Unterschied zwischen dem häufigen Tragen von Windeln und dem Tragen rund um die Uhr. 24/7 ist eine große Verpflichtung nicht nur bezüglich Windeln, sondern für das *Babysein* an sich. 24/7 ist ein Symbol dafür, dass die Partner nicht nur zu bestimmten Zeiten als Baby behandelt werden, sondern dass sie *die ganze Zeit ein Baby* sind. Es ist ein starkes Symbols und etwas, worüber man ausführlich diskutieren sollte: Wenn das ständige Tragen von Mädchenhöschen ein Symbol dafür ist, dass die Person zumindest ein bisschen *Crossdresser* ist. Dann zeigt das ständige Tragen von Windeln an, dass die Person ein *Baby* ist.

Die praktische Umsetzung des 24/7-Tragens wird auf vielen Seiten dokumentiert und es erfordert Planung, Übung und einen guten Vorrat auch an einfachen Windelbodys. Aber es gibt noch ein anderes Element des 24/7-Tragens, von dem ich weiß. Da mein Baby ein "leichtes AB" ist, trifft es auf ihn nicht zu, aber für einige sehr stark regressive AB's kann das 24/7-Tragen ein starkes therapeutisches Werkzeug sein, um sich sicher, geborgen und richtig zu fühlen. Anstatt dieses gewaltige Konzept zu replizieren und zu minimieren, habe ich um Erlaubnis gebeten, einen kurzen Artikel über „24/7 in Windeln sein" von Michael Bent in Anhang 1 zu übernehmen. Schaue ihn Dir an.

Was auch immer Du tust, beschäftige Dich ernsthaft mit dem vermehrten Tragen von Windeln und wenn Du sicher bist, dass Du dazu in der Lage bist, stecke ihn rund um die Uhr in eine Windel. Wenn Du Angst hast, dass Dein Mann "fremdgeht", gibt es wenige Dinge, die ihn mehr einschränken würden als eine Windel, damit er treu bleibt! Das ist natürlich kein sehr guter Grund, also tue es nicht zu diesem Zweck!

Bettnässen und mehr?

Wie ich bereits zu Beginn dieses Buches erwähnt habe, ist Bettnässen erstaunlich häufig, sogar unter Erwachsenen. Ich gehe davon aus, dass Dein Partner derzeit nicht ins Bett nässt, weil er dann bereits Windeln oder Ähnliches tragen würde.

Babys und Kleinkinder sind das, was wir als "vor der Toilette trainiert" bezeichnen können. Sie tragen und benutzen Windeln, weil sie noch nicht die nötige Kontrolle entwickelt haben. Aber was wäre, wenn Du Dein

Baby hernimmst und sein Windeltragen eher zu einer Notwendigkeit als zu einer Option machen würdest?

Hast Du schon einmal darüber nachgedacht, wie es wäre, wenn Dein Partner nachts beim Schlafen in seine Windel nässt? Was wäre, wenn er eines Morgens aufwachen würde und seine Windel bereits durchnässt wäre und er nachts nicht mehr wach werden würde? Das würde die Dinge etwas verändern, oder? Die Windeln wären dann nicht mehr nur für das einfache Wickeln, sondern für den tatsächlichen Bedarf.

Möchtest Du, dass Dein Partner ein Bettnässer ist? Normalerweise wäre die Antwort natürlich ein klares NEIN, denn es wäre doch nicht normal, oder? Wenn Dein Partner sich gegen einen Teil der Babybehandlung und vor allem gegen nächtliche Windeln sträubt, wäre regelmäßiges Bettnässen dann nicht die perfekte Motivation für ihn, diese zu tragen? Und stelle Dir vor, wie er und Du sich fühlen werden, wenn er entweder in einer nassen Windel oder auf nassen Laken erwacht? Babymäßig, oder? Und wie könnte er dann überzeugend gegen Deine Behauptung argumentieren, dass er mit der Rückkehr seines Bettnässens wieder ein Baby ist?

Wie bringen Sie ihn also dazu, wieder gelegentlich ins Bett zu machen?

Es mag Dich überraschen oder auch nicht, zu wissen, dass dies ein häufiger Wunsch ist. Viele Adult Babys wollen wieder Bettnässer sein, damit sie einen echten Bedarf an Windeln rechtfertigen können und natürlich auch, um mehr wie ein echtes Baby zu sein. Das macht in vielerlei Hinsicht Sinn, und ich bin mit einem Ehemann "gesegnet", der ohnehin gelegentlich ins Bett macht. Mit gelegentlich meine ich höchstens zweimal im Jahr und normalerweise hilft ein bisschen Alkohol dabei. Jetzt, wo ich ihn die meisten Nächte in Windeln habe, ist die Häufigkeit seines Bettnässens nicht so richtig klar, da er sie während der Nacht benutzt. Aber zurück zu Deiner Situation.

Jemandem zum Bettnässen zu bringen, ist nicht einfach. Für die meisten Menschen ist das „Toilettentraining" nicht umkehrbar. Sie bekommen es einmal hin und es bleibt ein einfacher, natürlicher und unabänderlicher Teil ihres Lebens. Aber es gibt bestimmte Techniken, die jemandem helfen, zu einer Form des echten Bettnässens zurückzukehren. Die schlechte Nachricht ist, dass es die volle Zustimmung und Beteiligung Deines Partners braucht. Es gibt keine magische Tablette oder einen Zauberspruch oder eine Technik, die Deinen Partner auf geheimnisvolle Weise dazu bringt, seine Windel oder sein Bettlaken nachts nass zu machen. Wenn ich das perfektionieren könnte, würde ich wohl über Nacht eine Million Bücher darüber verkaufen. Seufz.

Das Buch - *The Joy of Bedwetting von Forrest Grant* - hat in seinen Anhängen zwei Methoden, um zu versuchen, echtes Bettnässen hervorzurufen, was anscheinend manchmal auch funktioniert. Rosalie informierte mich auch, dass es eine Reihe von guten Hypnose-Audiodateien gibt, die einen guten Ruf haben und sie hat Berichte über Erfolge gehört. Du kannst diese Hypnosedateien natürlich abspielen, wenn Dein Partner schlafen geht, und hoffen, dass es Bettnässen auslöst, aber wie bei jeder anderen Art von Hypnose muss er dazu zumindest teilweise bereit sein. Sei jedoch vorsichtig, falls es aus Versehen bei DIR funktioniert. Ich gebe zu, der Gedanke bringt mich innerlich zum Lachen! (Entschuldigung)

Bettnässen ist die eine Sache und vergleichsweise einfach, verglichen damit, dass Dein Baby tagsüber ohne bewusste Kontrolle in die Windeln machen soll. Würdest Du das wollen? Würdest Du wollen, dass Dein Partner ein echte Inkontinenz entwickelt, um tagsüber Windeln zu tragen? Die Macht, die es Dir gibt, indem das sein Babysein in den Tag hinein verlängern – also die ganze Zeit - ist signifikant und verlockend. Die schlechte Nachricht ist natürlich, wenn es schon schwer ist, Bettnässen zu entwickeln, das Einnässen am Tag und die virtuelle Inkontinenz noch viel, viel schwerer ist.

Unser Toilettentraining ist nicht nur eine Fähigkeit. Es wird schnell zu einer automatischen Reaktion. Ich habe einmal gelesen, dass ein Mann sagte, dass er erst in seinen Zwanzigern erkannte, dass das Trockenbleiben keine ständige Anstrengung und Wachsamkeit erfordert - wie es anscheinend für ihn der Fall war. Für den Rest von uns erfordert das Trockenbleiben jedoch nur wenig Anstrengung, bis wir älter werden und es wieder zu einem größeren Kampf wird (seufz). Dieser genannte Mann trug schließlich Windeln und es funktionierte gut für ihn und der allgegenwärtige Kampf, trocken zu bleiben, endete (in der Kapitulation).

Dieses Toilettentraining rückgängig zu machen ist immens schwierig und wahrscheinlich zum Scheitern verurteilt. Es gibt, wie schon gesagt einige gute Hypnose-Dateien, wie man auch erwarten würde, aber es gibt keine wirklichen anderen Lebensmittel oder Getränke, die den Job erledigen können. Sich in einen Alkoholrausch zu saufen, nur damit man in die Windel machen kann, ist auch keine Lösung.

Einzelberichte bestätigen, dass das Tragen von Windeln rund um die Uhr und das regelmäßige Einnässen den Muskeltonus reduziert und zu plötzlichen „Unfällen" führen kann, aber der vollständige Verlust der Kontrolle ist trotzdem unwahrscheinlich. Die beste und praktikabelste Lösung ist, dass Du ihm einfach das Recht absprichst, keine Windeln zu tragen. Er wird rund um die Uhr gewickelt sein und mit der Zeit wird er für die Sicherheit, wenn nicht sogar für die tatsächliche Kontinenz, von den Windeln abhängig werden. Nach einigen Jahren, wenn er keine Windel trägt, wird es sich für ihn unsicher anfühlen und möglicherweise wirklich so sein. Dein Job wird erledigt sein!

Die Quintessenz ist, dass Windeln die Nr. 1 in Deinem Inventar an Babyutensilien sind, und wenn Du bei ihm ein gewisses Bedürfnis zu Windeln entwickelst, erhöht sich ihre Wirksamkeit massiv. Er ist (D)ein Baby wenn er irgendwann wieder unkontrolliert einnässt!

Malbücher

In letzter Zeit ist es bei Erwachsenen populär geworden, Ausmalbücher zum Spaß und zum Stressabbau zu verwenden. Ich habe es sogar selbst schon ein paar Mal ausprobiert. Aber wenn Du etwas über kleine Kinder weißt, dann ist es , dass sie gerne malen und ausmalen. Auch Dein Baby wird das tun wollen. Im Gegensatz zu Dir kannst Du ihm jedoch Kindermalbücher besorgen, und zwar vorzugsweise mit einfachen Zeichnungen, die er mit Buntstiften verwenden kann.

Du bist vielleicht sehr überrascht, wie sich das Geschick zum Malen verändert, wenn sie sich zurückbilden. Aus einem Erwachsenen mit feinmotorischen Fähigkeiten wird ein Kleinkind, das nicht in den Linien bleiben kann. Ein kleines Baby benutzt einen Buntstift ohne jede Rücksicht auf die Linien.

Wenn Du Deinem Baby helfen möchtest, mehr wie ein Kleinkind zu malen, bringe es dazu, seine nicht-dominante Hand zu benutzen. Die Schwäche und reduzierte Kontrolle wird ihm helfen, beim Ausmalen wie ein Kleinkind zu sein. Ich selbst war erstaunt über die Ergebnisse dieses Vorschlags. Wenn Dein Baby nicht regressiv ist, motiviere es trotzdem auszumalen.

Er mag die Fähigkeiten eines Erwachsenen haben, aber lasse ihn trotzdem Bücher für Kleinkinder benutzen. Und da ich mein BABY sowohl als regressives Kleinkind als auch als Adult Baby beim Ausmalen gesehen habe, werdet Ihr beide Spaß daran haben.

Ausmalen kann eine der Aktivitäten sein, die man als Mutter und Baby gemeinsam machen kann.

Teddybären, Puppen und anderes Spielzeug

Jedes Baby schläft mit einer Art Stofftier. In den letzten hundert Jahren oder so ist das meist ein Teddybär oder ähnliches. Du musst unbedingt ein paar Teddys oder andere weiche Plüschtiere für Dein Baby haben, mit denen es spielen kann, aber die Du auch zu ihm ins Bett legst. Sich im Bett an einen Teddy zu kuscheln, ist sehr kindlich und macht irgendwie süchtig. Dies ist eines der Dinge, die Du schon sehr früh tun kannst. Lege einen Teddybär in Euer Bett, am besten zwischen Euch, und selbst wenn er ihn nicht sofort annimmt, lasse ihn dort. Es wird nicht lange dauern, bis der Teddybär ein wichtiger Teil der Schlafenszeit oder des Mittagsschlafs wird. Ermutige es, den Teddybär zu halten und ihn mitzunehmen, wenn Du es stillst - wie jedes andere Baby auch.

Mit der Zeit wird der Teddybär für ein Adult Babys sehr wichtig. Vielleicht hat es eine ganze Sammlung von ihnen, aber ein oder zwei "besondere". Mein Baby hat einen Teddy (Bartholomä = Barty), den ich gewaschen, repariert und neu gepolstert habe und der trotzdem noch ein bisschen abgenutzt aussieht. Er hat ihn nun schon seit 15 Jahren und ist sein ständiger nächtlicher Begleiter. Für den Tag haben wir andere Teddys, einfach damit "Barty" nicht unwiederbringlich auseinanderfällt. Sie sind die besten Freunde und in diesen tiefgründigen Baby-Momenten „beziehen" sie sich aufeinander. Ich habe von anderen Babys gelesen, die eine Freundschaft zu ihrem Teddy entwickeln, so wie es kleine Kinder oft mit ihrem eigenen Teddy tun. Es kann ein herrlicher Anblick sein, wenn Dein Baby von seinem besonderen „Freund" getröstet wird.

Manche Menschen sehen Puppen als „antifeministische Objekte", ohne die wahre Natur von Kindern und insbesondere von kleinen Mädchen zu verstehen. Viele Mädchen lieben Puppen, sie anzuziehen, sie zu füttern, sie zu wickeln und Partys zu feiern. Dann wachsen sie auf und werden Ingenieurinnen, Pilotinnen und natürlich Mütter. Keine große Sache. Wenn Dein Baby ein mädchenhaftes oder Sissy Baby ist, dann liebt es vielleicht Puppen. Manche Kinder schlafen gerne mit einer Puppe, aber da Puppen eher hart sind, eignen sie sich weniger zum Kuscheln, machen aber einen riesen Spaß beim Spielen. Wir haben eine kleine Anzahl von Puppen und ich gebe zu, dass ich es genieße, mit ihnen gemeinsam mit meinem Baby zu spielen. Es erinnert mich auf eine angenehme und erfrischende Weise an meine

Kindheit. Dein Baby-Junge oder Baby-Mädchen mag vielleicht überraschenderweise auch Puppen.

Lasse uns nun im Allgemeinen über Spielzeuge für Dein Baby sprechen. Der erste Punkt ist, dass Dein Partner, wenn Du willst, dass er das Babysein von Grund auf genießt, Spielzeug braucht. Und zwar mehr als nur ein paar wenige. Die Klassiker sind immer willkommen – Bauklötze, Spielzeug aus Plastik und Rasseln. Du wirst vielleicht staunen, wie oft eine Rassel benutzt wird, wenn Dein Baby die Freuden des wirklich tiefen Säuglingsalters entdeckt. LEGO-Steine - die großen - können auch sehr praktisch sein, um grundlegende Strukturen zu bauen, die ihm Spaß machen werden. Das klassische Fisher-Price-Spielcenter, das manchmal an der Seiten des Kinderbettes befestigt wird, wird ebenfalls gerne benutzt, mehr als Du erwarten würdest. Und natürlich Buntstifte und großes weißes Papier.

Gehe in ein Spielzeuggeschäft und laufe durch die Baby-Gänge und schaue, wohin es Dich führt. Es soll einfach sein, altersgerecht und leicht abwaschbar. Und selbst wenn er kein Sissy-Baby ist, gib ihm einfach ein paar typische Mädchen-Spielzeuge. Du entscheidest das!

Tägliche Ermahnung an das Babysein

Wenn Du damit anfängst, Deinen Partner zu Babysitten, besteht die Tendenz, Zeiten für das Babysitten und die restliche Zeit für das volle Erwachsensein festzulegen. Das ist vernünftig und auch der einzige Weg, wie Du starten kannst. Aber mit der Zeit möchtest Du, dass das *Babysein* mehr und mehr in sein Leben bestimmt, bis der Zeitpunkt erreicht ist, in dem er ständig, bis zu einem gewissen Grad, als Baby behandelt wird.

Der beste Weg, dies zu erreichen, sind Windeln rund um die Uhr. In der Praxis, je nachdem wie Euer Leben, die Familie und die Arbeit gestaltet sind, können 24/7-Windeln problematisch sein. Das lässt sich aber *immer* regeln, dennoch, es bleibt trotzdem für viele Menschen eine große Herausforderung. Es gibt jedoch auch andere Möglichkeiten, Elemente des *Babyseins* in sein Leben einzubauen, die immer da sind.

Wenn er in bestimmten Situationen keine Windeln tragen kann, wie wäre es dann mit Höschen? Er könnte sie die ganze Zeit über tragen? Es ist einfach, unauffällig und auch wenn sie eher feminin als infantil sind, können sie immer eine Verbindung zurück zu seinem *Babysein* herstellen. Du bestehst darauf, dass er ein Baby ist und so bestehe darauf, dass er Höschen und nur Höschen trägt. Selbst wenn er Windeln trägt, ziehe ihm ein Höschen drüber!

Wenn er Windeln trägt, muss er aus Diskretionsgründen und um eine nasse Windel festzuhalten, einen Windelbody tragen. Aber er kann einen Windelbody auch ohne Windel tragen. Es ist ein per se babyhafter Gegenstand, der ihn ständig daran erinnert, dass er immer noch ein Baby ist, auch wenn er sich nicht wie eines verhält.

Der zweitstärkste Babyartikel ist der Schnuller. Es ist klar, dass die Verwendung eines Schnullers außerhalb des Hauses Aufmerksamkeit erregen wird - und zwar negative. Also kannst Du das nicht tun. Aber Dein Partner könnte immer einen Schnuller in seiner Hosentasche oder in seinem Aktenkoffer oder einen Ort, den nur er kennt, bei sich haben. Die ständige Anwesenheit eines Schnullers wird ihn daran erinnern, dass er ein Baby ist. Und wenn Du mit ihm unterwegs bist, hast du *immer* einen Ersatzschnuller in Deiner Handtasche. Er dient nicht nur als Erinnerung, sondern du brauchst ihn vielleicht tatsächlich manchmal! Beim Autofahren, abseits des dichten Verkehrs oder in der Nacht, könnte er seinen Schnuller benutzen. Es wird ein bisschen peinlich sein, aber es wird sehr infantil sein!

Wenn Dein Baby rund um die Uhr gewickelt wird, musst Du eine gepackte Windeltasche dabei haben, wo immer ihr hingeht. Wir haben eine und sie befindet sich im Kofferraum des Autos. Wenn er einen außerplanmäßigen Windelwechsel braucht, ist immer eine verfügbar. Auch bei der Arbeit muss er eine Ersatzwindel dabei haben. Aber mache die Windeltasche zu etwas Besonderem. Es könnte eine „babygerechte" Tasche sein, aber am wichtigsten ist, dass Du sie mit Dingen füllst, die er auch zu Hause benutzt. Eine gute Auswahl an Windeln, Plastikhosen, Ersatzhöschen, ein Ersatzschnuller, Windelnadeln, Puder, Cremes, eine Ersatzrassel oder ein Kauspielzeug, Babyfeuchttücher, eine Babyflasche mit einem kleinen Behälter mit Folgemilch, vielleicht ein Ersatz-Windelbody und alles, was Du sonst noch für notwendig erachtest. Die Windeltasche wird prall gefüllt sein und muss immer leicht zugänglich sein. Auch wenn er nicht rund um die Uhr gewickelt wird, halte eine Windeltasche griffbereit, damit Du ihn jederzeit wickeln kannst. Und den Rest der Zeit dient sie als Ermahnung daran, dass er ein Baby ist. Wenn er ein Sissy-Baby ist, hast Du vielleicht schon einen BH an ihm ausprobiert. Stelle sicher, dass Du einen in seiner Windeltasche hast, vielleicht auch Lippenstift und Nagellack!

Und den Windelbody, den er trägt... hast du daran gedacht, ihn mit einem Babymotiv zu versehen? Das ist dann natürlich weniger diskret, aber er ist genauso nützlich, um die nasse Windel zu halten.

Du musst vorsichtig und diskret sein, um weder andere noch Deinen Partner zu kompromittieren. Aber man kann sicherlich die Grenzen ein wenig verschieben.

Spanking und andere Disziplinen

Spanking ist offenbar der weltweit am häufigsten praktizierte Fetisch. Ich bin nicht wirklich überrascht von seiner Popularität, aber wie passt es mit dem Babysitten des Partners zusammen?

Im strengen Sinne ist das Versohlen eines Babys oder Kleinkindes ein absolutes No-Go, aber für ein *erwachsenes* Baby ist es etwas, das in Betracht gezogen werden kann und es bleibt dem persönlichen Geschmacks und der Vorlieben überlassen. Rosalie Bent beschreibt den Unterschied zwischen "erotischem Spanking" und einer „disziplinierenden Tracht Prügel". Das erste ist ziemlich offensichtlich, aber das zweite ist für regressive AB's, die sich daneben benehmen und diese Erziehung brauchen. Mein eigenes Baby war immer brav, aber ich musste ihm ein paar Mal eine Ohrfeige geben, weil es seine Hände in die Windel gesteckt und mit sich selbst gespielt hat. Es war ein unangemessener Zeitpunkt und Ort und er hat nicht von selbst aufgehört. Da er sich in einen Babyzustand zurückentwickelt hatte, musste ich eine „Baby/Kleinkind-Erziehung" anwenden. Rosalie Bent erklärt es folgendermaßen:

Erotisches Spanking:

Erotisches Spanking gehört für viele Paare zum Sexualleben oder zu Rollenspielen dazu. Als Teil des Spiels passt Spanking sicherlich in die Erfahrung des Kleinkindes, wenn beide es wollen und daran gewöhnt sind. Die BDSM-Gemeinschaft (Bondage, Domination, Sado-Masochismus) hat ihre eigenen Regeln und Richtlinien für Spanking, aber diese sind für Erwachsene während einvernehmliche Sexspiele. Wenn ein Kleines involviert ist, ist es komplexer (verständlich).

Beginnen wir damit, uns über die Terminologie klar zu werden. Ich verwende den Begriff "Spanking", wenn ich über einvernehmliche erotische Spiele spreche.

Wenn ich von einer "Tracht Prügel" spreche, meine ich disziplinarisches Verprügeln, das darauf abzielt, wehzutun und dem „Kleinen" Verhaltensanwei-sungen und -impulse zu geben.

Ich behandle dieses Thema im Abschnitt Modifikation, später. Wenn erotisches Spanking rein in der Erwachsenenzone bleibt, dann weißt du bereits, was zu tun ist, und wenn nicht, ziehe die BDSM-Literatur zu Rate.

Bei Kleinen ist es üblich, dass erotische oder sexuelle Aktivitäten eine Regression in den Baby/Kleinkind-Zustand auslösen. Daher musst du sorgfältig abwägen, wie erotisches Spanking in das Erleben deines Kleinen passt. Sexualität an sich ist nicht Teil der Erfahrung des biologischen Kindes, aber wir erlauben und ermutigen sogar sexuelles Verhalten von Kleinen mit ihren Eltern (siehe Sexuelle Intimität und die Kleinen). Wir erkennen an, dass Sexualität nicht einfach ignoriert werden kann, wenn sie ein biologischer Imperativ ist, Regression hin oder her.

Die Frage ist also: versohlst du deinem Kleinen den Hintern oder nicht? Erfahrung ist dabei dein bester Lehrer, also benutze deine Augen, deinen Kopf und deine Intuition. Dein Kleines wird leicht zwischen einer erotischen Tracht Prügel und einer Strafe unterscheiden können. Oder vielleicht auch nicht. Du musst herausfinden, wie es darauf reagiert und entsprechend handeln. Vielleicht musst du es für dein Kleines entweder abschaffen oder die Strenge mäßigen, damit es ganz klar weiß, dass es sich um ein Spiel handelt und nicht um Disziplinierung. Die Realität ist, dass ein tief regressives Kleines ganz anders denkt als ein Erwachsener, also kannst du keinerlei Vermutungen anstellen, bis du sicher bist.

Kurz gesagt, es gibt nichts, was erotisches Spanking explizit aus dem Leben deines Kleinen ausschließt, aber du musst dir sehr bewusst sein, dass sich die Grundregeln dramatisch ändern können, wenn er sich zurückentwickelt. (Aus den Buch von Rosalie Bent - There's Still a Baby in my Bed!)

Du kannst aber andere, weniger körperliche Erziehung sowohl im echten Leben als auch im Spiel anwenden. Für ein ungeplantes Nickerchen zurück ins Bett geschickt zu werden, ist eine davon, ebenso wie eine Auszeit, das Wegnehmen eines Lieblingsspielzeugs oder das Verweigern anderer Aktivitäten, die Dein Baby sonst genießt.

Obwohl ich keine große Spankerin bin, diszipliniere ich mein Baby, um seine Freude an der Babyzeit und natürlich auch meine eigene zu verbessern! Und es funktioniert wirklich!

Von der Brust zur Flasche

Du erinnerst Dich, der erste Schritt, den ich vorschlagen hatte, war den Partner auf eine eher infantile Art und Weise an die Brust zu bekommen, als nur durch den Sexualtrieb. Und es war erfolgreich, nicht wahr! Einen Mann an die Brust zu bekommen ist eher leicht. Aber während Du ihn auf eine spielerische Art dazu gebracht hast an Deinen Brüsten zu saugen, ist es wahrscheinlich an der Zeit, ihn an die Nuckelflasche zu gewöhnen.

Ich bin schon lange nicht mehr in der Lage, mein Baby auf natürliche Weise zu stillen, und das dürfte bei den meisten Paaren der Fall sein. Es stimmt, dass manche es schaffen, wieder Milch abzusondern und das muss wunderbar sein, aber ich habe es nie probiert und bin wahrscheinlich sowieso zu faul. Es ist sicherlich nicht immer möglich, und so kann die Babyflasche ein wunderschöner Ersatz sein und das ist von Hause aus so sehr kindlich, das kann mich nicht toppen.

Du kannst zwar Sauger in Erwachsenengröße bekommen, aber ich empfehle sie nicht. Sie sehen irgendwie falsch aus und erfüllen einfach nicht den Zweck. Kaufe eine Flasche mit schnell fließenden Babysaugern und beginne mit warmer Milch. (Hinweis vom deutschen Übersetzer: „NUK Gaumenspaltsauger" sind groß und sehr praktisch) Die beste Zeit für die Flaschennahrung ist morgens, bevor er aufsteht und hoffentlich(!) noch eine nasse Nachtwindel trägt. Der andere Zeitpunkt ist kurz vor dem Mittagsschlaf oder vor dem Schlafengehen.

Indem Du mit warmer Milch beginnst, stößt Du nicht zu weit an seine Geschmacksgrenzen, aber Du musst unbedingt Babynahrung ausprobieren. Mit z.B. APTAMIL kannst Du nichts falsch machen! Dein Baby wird es lieben oder hassen und Du kannst es nicht wirklich vorhersagen. Es ist ein ganz anderer Geschmack (offensichtlich) und eine ganz andere Erfahrung. Das Trinken von Babynahrung ist eine sehr kindliche Sache. Vielleicht musst Du mit verschiedenen Marken experimentieren, um eine zu finden, die ihm am besten schmeckt.

Sobald Du mit der Flaschenernährung beginnst, kannst Du diese allmählich auf jede Schlafenszeit und den Mittagsschlaf ausweiten. Wenn Du ihn auf die Milchnahrung umstellst, kannst Du die Flaschennahrung extrem steigern, so dass sie Teil jeder Mahlzeit oder manchmal sogar ein Mahlzeitenersatz ist. Wie oft Du mit der Flasche fütterst, musst du selbst herausfinden, aber es kann eine unglaublich "verbindende" Zeit für Euch beide sein.

Du wirst feststellen, dass Du es wirklich lieben wirst, seine Flasche an seine Lippen zu halten und zu beobachten, wie er trinkt. Schaue in seine Augen wie sie sich manchmal schließen oder zurückrollen, wenn die *Babyzeit einsetzt* und die warme Milchnahrung seinen Bauch füllt. Wie Du sehen kannst, bin ich ein kleiner Fan davon!

Krabbeln und Weinen

Babys krabbeln als erste Art der Fortbewegung und Du kannst erwarten, dass Dein Baby manchmal krabbelt. Sei jedoch gewarnt, dass es für Dich vielleicht ein bisschen komisch oder sogar albern aussehen könnte. Erwachsene sind nicht nur größer, Beine und Arme sind bei ihnen relativ gesehen länger als bei Kleinkindern und die Knie sind etwas „älter".

Krabbeln ist per Definition *kindlich*. Mein Baby krabbelt manchmal, aber nicht oft. Ich zwinge ihn nicht dazu, aber er tut es trotzdem und als ich ihn danach fragte, sagte er: "Es macht einfach mehr Sinn zu krabbeln und ich fühle mich besser dabei". Braucht es einen anderen Grund?

Ermutige Dein Baby zum Krabbeln, vielleicht ist es nicht bequem oder die Knie machen nicht gut mit. Aber es sieht immer noch bezaubernd aus, wenn auch meist unbeholfen. Schlafanzüge oder Strampler sind die beste Kleidung für Krabbler. Kleider sind im Weg und werden auch schmutzig.

Harte Böden eignen sich nicht wirklich zum Krabbeln, daher sind Teppichböden am besten. Was Spaß machen kann, wenn Ihr einen eigenen Garten habt, ist, ihn in seine Babykleidung zu stecken und ihn auf dem Gras herumkrabbeln zu lassen. Das ist nicht nur einfacher, sondern kann auch herrlich aussehen.

Vom Bett ins Kinderbett - ein Kinderzimmer für Erwachsene

Einer der meistgewünschten Gegenstände von Adult Babys, ist das Babybett oder Kinderbett in Erwachsenengröße. Es gilt als das ultimative Baby-Accessoire und ist ein sehr offenes Statement, dass man ein Baby zum Partner hat.

Wir haben ein Kinderbett für mein Baby.

Er schläft nicht jede Nacht darin, aber mit der Zeit immer öfter und ich vermute, dass er irgendwann ganz darin einziehen wird und ich dann endlich ein ganzes Bett für mich habe. Sein Kinderbett steht in unserem Hauptschlafzimmer, das groß genug ist, um es unterzubringen, ohne viel anderen Platz wegzunehmen. Wir hielten es beide für eine gute Idee, das Kinderbett im Hauptschlafzimmer unterzubringen, damit wir nicht getrennt schlafen. Wir haben vor fast fünf Jahren eines für uns bauen lassen und ich habe es nie bereut, eines für ihn gekauft zu haben. Es war wahrscheinlich die beste Anschaffung, die wir gemacht haben.

Ein Babybett ist nicht etwas, das man leicht verstecken kann, und es ist ein sehr starker Indikator für ein Erwachsenenbaby. Ich gebe zu, dass ich die Notwendigkeit eines solchen Bettchens anfangs nicht wirklich verstanden habe und mich ursprünglich vor allem deshalb dafür entschieden habe, weil andere Adult Babys eines hatten. Das ist kein besonders guter Grund, zumal er mich auch nicht danach drängte. Ich habe sein Babysein schon bewusst gefördert und keinerlei Anstoß daran genommen und mich deshalb für ein Gitterbett in der Größe eines Einzelbetts entschieden. Man kann auch welche bekommen, die auf größeren Betten aufgebaut sind, aber das Einzelbett funktioniert für ihn auf jeden Fall. Wenn Dein Baby über 1,80 m groß ist, musst Dich vielleicht nach einem Kingsize-Single-Bett oder ähnlichem umsehen.

Das allererste Mal, als er darin ein Nickerchen machte, war wirklich verblüffend. Als ich ihn mit der Bettdecke zudeckte und das Seitengitter zu machte, sah ich, wie er auf eine Art und Weise in die totale Kindheit abdriftete, wie ich es vorher noch nicht gesehen hatte.

Ich verließ den Raum und setzte mich hin und weinte leise. Er war in seinem Element, sicher und geborgen und glücklich. Und während ich dasaß und ihm beim Einschlafen zusah, sah ich, dass kein Erwachsener mehr in ihm war - nur noch pures Kindsein. Zufälligerweise hatte ich damit einen Weg gefunden, ihn vollständig zu Babysitten.

Es ist ein einfaches Kinderbett, aber es hat alle Elemente, die es braucht, um echt zu sein. Es hat hohe Seiten, feste Enden und ist so konzipiert, dass es nur von einem Elternteil geöffnet und geschlossen werden kann, nicht vom Baby selbst. Es ist groß genug für einen Teddybär oder zwei und hat ein Playcentre, das an der festen Seite befestigt ist. Die Benutzung des Bettchens für den Mittagsschlaf ist obligatorisch, aber ich habe ihn nicht gezwungen, nachts im Bettchen zu schlafen, sondern lasse ihn entscheiden. Wenn er Anzeichen einer beginnenden Regression zeigt, weise ich ihn auf das Kinderbett hin und er stimmt immer zu.

Es begann mit ein paar Nächten pro Woche und dann ein paar mehr und jetzt schläft er nur noch gelegentlich im "großen Bett". Es ist an der Zeit, dass er dauerhaft einzieht, aber ich lasse ihn das entscheiden. Es gibt keine Eile und ich weiß, dass es nicht mehr lange dauert.

Ein Kinderbett ist wunderbar, aber auch teuer und unmöglich zu verstecken. Viele Adult Babys könnten sich eines leisten, hätten den Platz, aber nicht die Privatsphäre, die es dann erfordern würde. Wenn Du kannst, besorge ein Kinderbett. Wenn nicht, kannst du immer noch das normale Bett für Dein Baby kindgerechter gestalten.

Du kannst natürlich noch weiter gehen und ein komplettes Kinderzimmer einrichten. Das ist der ultimative Genuss und sicherlich eine Besonderheit im wirklichen Leben, obwohl sich *jedes* Adult Baby wünscht, eines zu haben. Aber für den Rest von uns - einschließlich mir und meinem Baby - müssen wir ein anderes Konzept verwenden - das *virtuelle* Kinderzimmer. Ich gebe zu, dass ich darüber in Evelyns Buch gelesen habe, und obwohl wir schon vorher ein wenig davon umgesetzt hatten, hat sie mich ermutigt, unser Hauptschlafzimmer zu verwandeln, ähnlich einem Baby-Kinderzimmer. Sie schreibt über Sissy-Babys, aber gleiches gilt für Nicht-Sissy-Babys. Lasse mich zitieren, was sie schreibt:

Das Baby-Kinderzimmer - virtuell oder real?

Wenn Dein Partner ein richtiges Sissy-Baby oder Adult Baby ist, *muss* er ein Kinderzimmer haben, um das Gefühl zu haben, dass er in seiner Identität und Erfahrung echt ist.

Wir wissen jedoch, dass ein tatsächlich voll ausgestattetes Kinderzimmer für Erwachsene ein enormes und teures Unterfangen ist. Aber das größte Problem ist natürlich die Privatsphäre. Die Beziehung zwischen Mutter und Baby privat zu halten ist nicht immer einfach und während man Windeln und Babykleidung und sogar Babyspielzeug vor Besuchern verstecken kann, ist ein Kinderzimmer nicht zu verstecken. Es sei denn natürlich, ihr habt eines dieser spektakulären Häuser mit einem buchstäblichen Geheimzimmer, von dem niemand weiß, und so kannst Du es so kindlich einrichten, wie Du möchtest, und Besucher wissen nicht, dass es existiert. Aber ich bin mir ziemlich sicher, dass keiner meiner Leser einen solchen Ort hat, und wenn Du einen hast, bin ich jetzt schon neidisch!

Aber es bleibt dabei, dass Dein Baby ein Kinderzimmer braucht, und zwar eines, wie ich es nenne, "virtuelles Kinderzimmer".

Das größte Element eines Baby-Kinderzimmers ist das Kinderbett. Und für Erwachsene ist es natürlich ein sehr großer und teurer Gegenstand, der niemals verborgen werden kann. Wie geht man also vor, wenn man ein virtuelles Kinderbett hat?

Du kannst das normale Bett kindlich und auch feminin gestalten. Manche Paare gehen zu Einzelbetten über und machen ein Bett zum Kinderbett, während andere das Doppelbett beibehalten. Du kannst z.B. Prinzessinnen-Bettwäsche überziehen und wenn Du sie verstecken musst, einfach durch eine Erwachsenen-Bettwäsche ersetzen oder mit einer Decke abdecken. Du musst natürlich einen Matratzenschoner auf dem Bett haben, falls die Windeln auslaufen oder noch wichtiger, wenn Du Dein Baby ohne Windeln ins Bett legst!

Wie sieht es mit Spielzeug aus? Du kannst natürlich Kuscheltiere zu Deinem Baby ins Bett legen und vielleicht ein paar Kleinkinderspielzeuge am Kopfende des Bettes aufhängen oder Ähnliches. Füge einen Kinder-Spruch hinzu und schon habt ihr eine Art Kinderzimmer. Aber der eigentliche Trick des virtuellen Kinderzimmers ist im Kopf und wie Du das als Mutter darstellst, denn das Selbstbild des Babys ist bereits deutlich ausgeprägt. Das Baby hält sich selbst für ein tatsächliches Baby, entgegen der physischen

Realität. Das Sissy-Baby hält sich selbst für ein tatsächliches Mädchen sieht sich selbst bereits als ein kleines Mädchen. Offensichtlich ist die physische Realität nicht dasselbe, was machen wir also mit dem virtuellen Kinderzimmer?

Ihr nennt es einfach ein **echtes** Kinderzimmer.

Wenn Du sie für ein Nickerchen hinlegst, lege sie in ein *Kinderbett*, nicht in ein Bett. Es hat vielleicht keine Gitterstäbe und keine hochklappbare Seite, aber das bedeutet nicht, dass es, soweit es Dein Baby betrifft, diese nicht hat. Wenn Du es hinlegst, sage ihr, dass Du die Seiten ihres Bettchens hochklappst und es soll sich vorzustellen, dass das virtuelle Kinderzimmer real ist. Wenn du eine unumstößliche Regel aufstellst, nicht ohne Erlaubnis aus dem Kinderbett zu steigen, dann deshalb, weil die Gitterstäbe um das Kinderbett herum real sind - oder so real, wie Du sie machst.

Vieles in einer Mutter-Baby-Beziehung spielt sich im Kopf ab und wie Du mit den physischen Diskrepanzen umgehst. Dein Baby *ist* ein Baby und sie *ist* ein Mädchen. Du bist ihre Mutter und wenn Dein Baby denkt, dass Du sie geboren hast, so bittet sie dich, die Realität ihrer Situation zu bestätigen, also ja, Du hast sie geboren.

Das virtuelle Kinderzimmer ist eine Metapher für das gesamte [Sissy] Babyleben. Es geht darum, einen Kompromiss zwischen der emotionalen Gewissheit und der physischen Diskrepanz zu finden.

Es wird der Tag kommen, an dem Du Dein Sissy-Baby in einem realen oder virtuellen Kinderzimmer zum Schlafen hinlegst und Du wirst nur das kleine Mädchen sehen. Deine Augen werden die eine Sache sehen, aber Dein Gehirn wird etwas anderes wahrnehmen. Du bist an dem Punkt angekommen, an dem ihr buchstäblich (und das meine ich) Mutter und Babygirl seid. *(aus Sissy Babies: Die ultimative Unterwerfung von Evelyn Hughes)*

Sex und Babysitting

Wenn ich ehrlich bin, ist dies ein Thema, das mir nie Kummer oder Sorgen bereitet hat, aber so ich das eben. Beim Lesen einiger Beiträge in den sozialen Medien habe ich aufgeschnappt, dass das Thema Sex mit einem regressiven Baby bei einigen Menschen eine gewisse Bestürzung oder sogar Angst auslöst. Ich habe nie etwas davon erlebt. Ob regressiv oder nicht, ob mit oder ohne Baby, Sex war immer einfach und wunderbar, und mit einem Baby im Bett ist es ehrlich gesagt viel besser geworden. Ich habe Regeln für die Selbstbefriedigung, er muss um Erlaubnis bitten, und ich lehne selten ab, es sei denn, ich habe ein vorheriges Interesse!

Das Beste, was ich zu diesem Thema gelesen habe, ist von Maggie Joyce aus ihrem Buch - *The Fulltime, Permanent Adult Infant* (Abbk.: FPAI). Ihr Baby ist ein Sissy-Baby namens Melissa und ich werde hier zitieren, was sie geschrieben hat:

„Dies ist ein interessantes Thema, das von Baby zu Baby unterschiedlich ist. Die einfache Tatsache ist, dass das sexuelle Verlangen nicht einfach während der Regression oder während der permanenten Babyzeit verschwindet.

Das sexuelle Verlangen kann reduziert, aber nicht eliminiert werden. Das Bedürfnis nach Erregung und Orgasmus ist einer der komplizierten Aspekte bei Adult Babys, der keine biologische Parallele zu normalen Kleinkindern hat.

Beginnen wir mit der Selbstbefriedigung. Jeder masturbiert und sogar kleine Kinder und Kleinkinder können sich oft auf eine leichte Version davon einlassen. Die Genitalien zu berühren bereitet Vergnügen und reiben sie sich. Es ist eines dieser Dinge, mit denen sich alle Eltern bei ihren heranwachsenden Kindern auseinandersetzen müssen. Normalerweise ist es keine große Sache, aber bei einem FPAI ist es eine ganz andere Sache. Für sie ist das keine Erforschung. sie haben viele Jahre Erfahrung mit Selbstbefriedigung, Orgasmus, Geschlechtsverkehr und vollständigen sexuellen Beziehungen.

Wie passen also das im Wesentlichen Erwachsenenkonzept und Verhalten von Sex in den Rahmen einer im großen und ganzen infantilen Person?

Bevor wir darüber diskutieren, lieber Leser, bitte ich Dich, Deine Vorurteile und Meinungen zu überprüfen. Dies ist ein sensibles Thema, über das es viel Streit geben kann. Wer hat nicht schon einmal das Geschrei eines schlecht informierten AB's gehört, dass eine andere Person die Regression "sexualisiert"? Oder umgekehrt, dass eine andere Person Sex als Zweck der Regression ansieht? Beide extremen Standpunkte sind offensichtlich falsch, aber die Wahrheit in der Mitte ist normalerweise eine persönliche Vorliebe.

Melissa masturbiert und hat es schon immer getan. Warum jemand darüber überrascht sein sollte, ist mir schleierhaft. Sie hat den Körper und die Hormone eines erwachsenen Mannes und einen Penis, der erigiert und auf Erregung reagiert.

In den frühen Tagen, bevor sie ein ständiger Säugling wurde, und als sie längere Zeit tief regressiv war, führte ich eine Regel ein, nach der sie um Erlaubnis bitten musste, wenn sie masturbieren wollte. Dies geschah hauptsächlich, um eine unangemessene Aktivität zu unterbinden und wenn ich sie einfach nicht sehen wollte! Als FPAI ist das nicht wirklich möglich und so ist die Regel eine einfache. Sie kann masturbieren, wenn sie in ihrem Bettchen oder auf ihrer Spielmatte liegt, solange niemand anderes in der Nähe ist - einschließlich mir. Das funktioniert bemerkenswert gut, und sie masturbiert nur zwei oder drei Mal pro Woche in ihrer Windel.

Aber was ist mit der sexuellen Beziehungen zwischen Dir und Deinem Baby?

An dieser Stelle atmen alle tief durch. Wenn Dich dieses Thema beleidigt, gehe zum nächsten Kapitel. Wenn Du gerade dabei bist, ein fast permanentes Adult Baby zu haben, dann fahre fort und arbeite heraus, wie Du Dich dabei fühlst.

Zunächst die rechtliche Frage. Das „A" in FPAI steht für „Adult" und daher sind sexuelle Beziehungen mit deinem FPAI ganz legal sowie ethisch und moralisch. Die Frage des Einverständnisses wird in dieser Situation ein wenig wichtiger. Selbst innerhalb der Ehe bedeutet "Nein" ein "Nein" und die Frage der Zustimmung muss ernst genommen werden. Bei einem FPAI, der möglicherweise sprachlich und kognitiv eingeschränkt ist, musst Du besonders vorsichtig sein, um sicherzustellen, dass Du sein Einverständnis nicht umgehst. Als männlicher erwachsener Partner musst Du Dir noch mehr Zeit nehmen, um die Frage der Zustimmung zu Deinem (wahrscheinlich) weiblichen Partner zu prüfen, da Du typischerweise der mächtigere Partner in der sexuellen Vereinigung und der „Penetrator" sind.

Solange das Einverständnis ernst genommen wird, bist Du und Dein FPAI also voll und ganz in der Lage, eine sexuelle Beziehung in dem Maße (und in dem Stil) zu haben, wie Du es wünschst. Manche entscheiden sich vielleicht dafür, überhaupt keine sexuellen Beziehungen zu haben, und das ist ihr gutes Recht. Beurteile einfach nicht die legale Aktivität eines anderen nach Deiner eigenen Meinungen oder Vorliebe.

Sexuelle Präferenz und die Geschlechtsidentität spielen eigentlich keine große Rolle, außer in praktischen Dingen. Solange alle einvernehmlich, verständnisvoll und liebevoll sind, kann nicht viel schiefgehen oder falsch sein."

***Ungleichgewicht der Macht*

Es gibt jedoch ein sehr spürbares Ungleichgewicht in der "Macht" zwischen Euch beiden. Als Elternteil bist Du eindeutig derjenige, der eine Autoritätsposition innehat, während das Kleinkind das genaue Gegenteil ist. Du musst Dir absolut sicher sein, dass Du Deine Autoritätsposition nicht missbrauchst.

Ich habe diese Frage in das Kapitel über Sex aufgenommen, aber sie ist genauso gültig für den Rest des Buches. Als

Elternteil wird Dir effektiv totale Autorität und Kontrolle über Dein FPAI gewährt, einfach weil sie nicht die Fähigkeit haben, dies selbst zu tun. Wenn ein normales Kind etwa zwei oder drei Jahre alt ist, fangen wir an, ihm ein wenig Eigenständigkeit, Entscheidungsfreiheit und sogar Privatsphäre zuzugestehen. Aber Dein FPAI ist viel jünger und deshalb hast Du die Kontrolle zu 100%.

Wenn Dir das Angst macht, dann verstehe ich das. Es macht mir auch manchmal Angst.

***Alternative Sichtweisen.*

Es ist möglich, dass Menschen mit "alternativen Sichtweisen" hier vorbeigegangen sind, aber ich werde trotzdem über sie sprechen.

Manche Menschen halten es für sexuellen Kindesmissbrauch, irgendeine Art von sexueller Interaktion mit einem stark regressiven Erwachsenen zu haben, der sich weitgehend wie ein Kind verhält. Ihre Sorge ist verständlich, aber völlig falsch. Solange die Zustimmung richtig gehandhabt wird, handelt es sich immer noch um zwei Erwachsene, nicht um einen Erwachsenen und ein Kind. Es ist in Ordnung, wenn es gegen ihre persönliche Ethik oder Moral verstößt. Es ist jedoch nicht in Ordnung, diese Ansichten anderen aufzuzwingen. Wenn emotionale Bereitschaft und Reife unsere Richtlinien für legalen Sex sein sollten, fallen mir ein Dutzend Erwachsene ein, die angeklagt werden sollten, während einige junge Teenager nicht angeklagt werden sollten. Bleiben wir also bei der üblichen Frage nach dem schutzwürdigen Alter.

Ein weiteres Problem ist das, was manche als "Pseudo-Inzest" bezeichnen. Der Akt der sexuellen Aktivität oder des Geschlechtsverkehrs zwischen einem tatsächlichen Elternteil und seinem tatsächlichen Kind ist Inzest und jeder versteht das. Aber solche Handlungen zwischen zwei nicht blutsverwandten Erwachsenen ist kein Inzest und wird es nie sein. Wenn man "pseudo" davor setzt, wird es nicht so. Es ist ein jämmerliches Argument und deshalb sollten sie es nicht vorbringen.

Dies soll die Bedeutung dieser Argumente nicht schmälern. Ein Elternteil mag eine bestimmte Frage für sich als berechtigt empfinden und deshalb verbietet es ihm sein Gewissen. Das ist in Ordnung, aber es ist jedem seine eigene Entscheidung, nicht eine, die für sie von anderen „Moralaposteln" getroffen wird, die kein Verständnis für die damit verbundene intrinsische Komplexität haben.

Hier die unverblümte Einschätzung eines Elternteils, als er gefragt wurde, war diese:

„Collette und ich hatten 23 Jahre lang als Ehepaar Geschlechtsverkehr, und oft war dies in Momenten, in denen sie ein Baby oder zumindest ein Kleinkind war. Wir waren uns einig und genossen es beide. Die Vorstellung, dass sich das ändern sollte, als sie ein Vollzeitbaby wurde, ist lächerlich. Wenn ich ihre Windel wechsle, sehe ich eine erwachsene Frau, kein Kind. Wir haben gelegentlich Sex und wir beide genießen es und warum sollten wir das nicht? Wir sind beide erwachsen und verheiratet. Nur weil sie als Baby lebt, sollte sich das nicht ändern."

Der Rest seines Kommentars war „giftig" gegen die "Hasser" (seine Worte), die versuchen, ihnen ohne Rechtfertigung eine sexuelle Einschränkung aufzuerlegen.

***Wie kann das alles funktionieren?*

Ich habe lange über den Titel dieses Abschnitts nachgedacht und " Wie kann das alles funktionieren?" war das Beste, was mir einfiel. Daher habe ich mich entschieden, hauptsächlich unsere eigenen Erfahrungen wiederzugeben, mit ein wenig Bezug zu anderen Eltern-Baby-Beziehungen. Es mag Dich überraschen (oder auch nicht), dass die meisten Paare ihre sexuellen Beziehungen nicht sehr detailliert besprechen!

Babys sind sehr oral. Sie saugen an Schnullern, Babyflaschen und so ziemlich allem, was sie in die Finger bekommen. Adult

Babys neigen ebenfalls dazu, sehr oral zu sein und FPAI's sogar noch mehr. Ich denke, Du verstehst, worauf ich hinaus will. Während erwachsene Männer dazu neigen, sehr penetrativ und orgasmuszentriert zu sein, sind FPAI's eher oral, zumindest basierend auf meiner zugegebenermaßen sehr kleinen Stichprobe. Aber es macht sicherlich eine Menge Sinn.

Bevor die tief regressierte Melissa ein FPAI wurde und noch mehr Sprachkenntnisse hatte, drückte sie gelegentlich den Glauben aus, dass sie meine leibliche Tochter sei. Es ist schwer zu sagen, ob sie davon überzeugt war oder einen tief sitzenden Wunsch ausdrückte, aber sie verhielt sich auf jeden Fall so, als wäre es für sie wahr. Sie war fasziniert von meiner Vagina als dem Ort, aus dem sie "geboren" wurde. Ich nehme also an, dass sie jetzt als FPAI einen echten Glauben hat, dass sie meine Tochter ist, oder zumindest einen ausreichend starken Glauben, um als solche zu handeln.

Wenn wir Geschlechtsverkehr haben - was nicht sehr oft der Fall ist - sieht sie es als einen Akt des "Nach-Hause-Gehens", d.h. der Rückkehr an den Ort, von dem sie gekommen ist. Ich war ein wenig überrascht darüber, aber in gewisser Weise macht es Sinn - zumindest für sie. Selbst jetzt sind die Worte "nach Hause gehen", selbst in der Babysprache, ein Hinweis auf den Geschlechtsverkehr.

Der wirklich faszinierende und möglicherweise verrückte Aspekt daran ist, dass sie am Punkt des Orgasmus so jung ist, wie ich sie je gesehen habe. Ich kann mir nur vorstellen, welche psychologischen Prozesse da am Werk sind, aber während sie sich dem Orgasmus nähert, kann ich in ihrem Gesicht ein Absenken ihres Alters sehen, bis sie an dem Punkt vielleicht so nah an einem Neugeborenen ist, wie sie nur sein kann. Es dauert nur ein paar Minuten, bis sie wieder in ihr neun Monate altes Alter zurückkehrt, aber für einen Moment ist sie wie neugeboren. Wie du Dir vielleicht vorstellen kannst, ist der Geschlechtsverkehr für uns sehr, sehr anders als für die meisten Menschen. Sie reagiert auf einen starken, aber primitiven Drang, und das ist wunderbar und gleichzeitig ein wenig überwältigend.

FPAI's Reaktionen beim Sex können ziemlich ungewöhnlich sein, wie andere bestätigt haben, also sei bereit für etwas Ungewöhnliches! Aber sie sind sehr oral und nochmal oral und oft ohne das gegenseitige Geben und Nehmen ...

Genieße es! Denke immer daran, es ist legal und macht Spaß. Aber es wird immer anders sein!" (Aus dem Buch "The Fulltime, Permanent Adult Infant" von Maggie Joyce).

Treffen mit anderen Adult Babys

Babys spielen gerne mit anderen Babys, aber in der Welt der Adult Babys ist das ein ganz anderes Szenario. Erstens kennst Du wahrscheinlich gar keine anderen AB's, da sie sich alle sehr privat halten. Du weißt vielleicht von vielen in den sozialen Medien, aber Du kennst sie *eigentlich gar* nicht.

Wir haben uns nicht mit anderen AB's getroffen, teils aus Angst, teils weil wir es nicht wirklich nötig hatten. Aber was Ihr tut, ist Euch überlassen. Ich rate nur dazu, vorsichtig zu sein und sicherzustellen, dass man sich mit verantwortungsvollen und zuverlässigen Leuten trifft. Manche AB's denken, ein Treffen mit einem anderen sei ein Sex-Treffen. Meide diese!

In einer „anderen Welt" würden sich AB's regelmäßig zu Hause oder an sicheren Orten zum Spielen treffen und es wäre ihnen erlaubt, ihr Babysein in der Öffentlichkeit zu zeigen. Aber im Moment sind die meisten AB-Treffen sehr privat oder in Clubs und müssten erst noch gesellschaftlich anerkannt und als normal angesehen werden.

96

Kapitel 13 - Die Zukunft

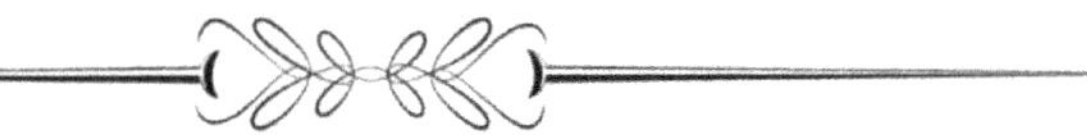

Gut, hier sind wir beim letzten Kapitel und hoffentlich konntest Du inzwischen Deinen Partner bis zu einem gewissen Grad als Baby versorgen und hast festgestellt, dass alle meine Vorschläge brillant sind, richtig? Wahrscheinlicher ist, dass Du festgestellt hast, dass einige Dinge funktioniert haben, andere nicht und einige Ideen eine totale Katastrophe waren. Tut mir leid, aber so ist es nun mal. Falls Dein Partner nicht schon AB war, hast du vielleicht auch neue Dinge über ihn entdeckt, die Euch beide überraschen. Der Versuch sein Babysein zu entwickeln, kann zu anderen aufregenden Ideen führen oder Du stellst fest, dass er es mit Begeisterung annimmt. Installateur tagsüber und Baby bei Nacht.

Aber bevor ich Dich verlasse, darf ich noch einige abschließende Vorschläge und Beobachtungen machen.

Das Babysitten Deines Partners impliziert, dass Du die Mutter bist, und das ist in Ordnung. Aber habt ihr schon einmal darüber nachgedacht, die Mutter-Baby-Beziehung zu Eurer normalen Beziehung zu machen, auch wenn Du ihn gerade nicht babysittest? Für einige wird dies eine verrückte, unmögliche Idee sein und für andere wird es die beste Sache überhaupt werden. Wenn Du Dich für diese Idee interessierst, ist das mit Abstand beste Buch, das ich in den frühen Tagen meiner eigenen ungeschickten Versuche, meinen Mann zu babysitten, gelesen habe, das erste Buch über Adult Babys. *"There's Still a Baby in my Bed!"* ist ein sehr umfangreiches Buch, das mehrere Aspekte von Adult Babys abdeckt und sich um das Konzept der "Eltern-Kind-Beziehung" dreht. Als ich es zum ersten Mal las, machte es für mich sehr viel Sinn und wir bewegten uns darauf zu, diese Mutter und dieses Kind zu werden, sowohl in der Regression als auch außerhalb des Babyzeiten. Ich muss sagen, dass es erstaunlich gut funktioniert. Man muss seinen eigenen Weg da durch finden, aber ich empfehle solch eine Beziehung und das Buch sehr.

Mein letzter Gedanke gilt Dir? Hast Du schon einmal darüber nachgedacht, auch einmal ein Baby sein zu wollen? Ich nehme an, dass Du kein Adult Baby bist und dass die Vorstellung, eine Windel zu tragen, an einem Schnuller zu nuckeln und mit einem Teddybär zu kuscheln, ein neuer

Gedanke sein könnte. Du könntest etwas von dem Spaß und der Einfachheit des Babyseins erleben, so wie es Dein Partner gerade. Oder Du könntest mit ihm als Gleichaltrige spielen, malen, mit Spielzeug spielen und einfach die unnachahmliche Freude und Lebenslust erleben, die nur kleine Babys wirklich ausdrücken können.

Probiere es und fühle, wie es ist. Ich habe es gemacht und es hat mir gefallen!

Viel Spaß als Mutter und Baby!

Lasse Dir niemals von der Gesellschaft diktieren, was für Dich und Deinen Partner in Eurer eigenen Privatsphäre richtig und angemessen ist.

Und liebe Ehemänner... wenn ihr dieses Buch zufällig gefunden haben, solltet ihr vielleicht den „Ratgeber für Ehemänner" ansehen, ein Buch mit dem Titel "The ABC of Baby Women" von Ben und Melinda McMahon.

Wir laden Dich zu einer kleinen Umfrage zu diesem Buch ein, die uns helfen kann, unsere Bücher zu verbessern? Folge dem Link: https://www.surveymonkey.com/r/6HXGVNJ

Quellenverzeichnis

There's Still a Baby in my Bed! - Rosalie Bent

The Joy of Bedwetting – Forrest Grant

From Diapers to Diplomas – Paul Rulof

The Adult Baby Identity (4 books) – Dylan Lewis

Sissy Babies: the ultimate submissive – Evelyn Hughes

The Fulltime, Permanent Adult Infant – Maggie Joyce

Inner Demons (Author unknown)

The Age Play and Diaper Fetish Handbook – Penny Barber

Adult Babies: Psychology and Practices – Michael Bent

The ABC of Baby Women – Ben and Melinda McMahon

Anhang 1: 24/7 in Windeln sein

Überall, wo sich Adult Babys treffen, sei es auf Webseiten, in Chatrooms oder persönlich, kommt das Thema "24 Stunden am Tag, 7 Tage die Woche Windeln tragen" häufig zur Sprache. Es ist kein kleines Thema, sondern etwas, das fast jeder irgendwann in Betracht zieht und die meisten auch ablehnen. Dennoch bleiben der Reiz, die Aufregung und die Herausforderung bestehen. Für eine bestimmte Gruppe ist der Reiz jedoch mehr. Es ist ein innerer Antrieb, ein Bedürfnis, in Windeln zu sein, nicht nur für eine kleine Weile, sondern ganztägig, jeden Tag.

Warum ist das so? Was macht die Idee einer 24/7-Windelnutzung unter teilweisem oder vollständigem Ausschluss der Toilette so verlockend?

Dazu müssen wir das breite Spektrum an Motivationen verstehen, die Windelträger überhaupt beeinflussen. Es gibt reine Rollenspieler, für die eine Windel kaum mehr als ein einzelnes Requisit unter vielen anderen ist. Dann gibt es Windelliebhaber oder Fetischisten, für die der Reiz, eine Windel zu tragen, hauptsächlich sexueller Natur ist, und wenn der Orgasmus vorbei ist, wird die Windel oft entfernt und nicht länger getragen. Die dritte Kategorie sind natürlich die regressiven Adult Babies. Für diese Gruppe ist die Windel kein sexuelles Objekt, sondern eher ein "Bindungsobjekt", das benutzt wird, um einen Zustand der regressiven Kindheit zu signalisieren und zu authentifizieren.

Nun ist es erwähnenswert, dass diese drei Gruppen nicht isoliert voneinander existieren. Während eine Person ausschließlich einer Gruppe zugehörig ist, wird die Mehrheit Aspekte aller drei Gruppen widerspiegeln, jedoch in unterschiedlichen Verhältnissen. Es wird jedoch einen „Hauptantrieb" geben und im Falle dieses Themas werden wir uns hauptsächlich mit dem regressiven Adult Baby befassen. *(Für weitere Details über die dreifache Natur der Windelattraktion lesen Sie bitte Adult Babies: Psychologie und Praktiken - M Bent 2015)*

Wenn wir versuchen, die Antriebe und Motivationen für das Tragen von Windeln - rund um die Uhr zu verstehen, müssen wir mehr über die grundlegenden Antriebe von Adult Babys wissen. Da es sich um eine infantile Regression von Erwachsenen handelt, ist es das Ziel, die *Kindheit* oder eine signifikante Version davon zu erreichen. Da dies im wörtlichen Sinne offensichtlich unmöglich ist, versucht das Adult Baby, so viel davon zu erreichen, wie es auf stilistische Weise kann. Das wichtigste Element ist natürlich die Windel. Wir haben bereits besprochen, dass es sehr wahrscheinlich ist, dass für die meisten Adult Babys eine extrem starke Beziehung zwischen einer Windel und der Kindheit besteht. Sie betrachten die Windel als ein Symbol der Kindheit und der Akt des Tragens einer Windel unterstellt ihnen ein gewisses Maß an Kindlichkeit. Dies ist eine vereinfachte Erklärung dieser Hypothese. Eine ausführlichere Analyse finden Sie unter www.abdiscovery.com.au/articles.

Es ist unnatürlich oder nicht normal für nicht-inkontinente Erwachsene, Windeln zu tragen. Die Gesellschaft akzeptiert das nicht ohne große Widersprüche, im allgemeinen. Wir akzeptieren jedoch bereitwillig, dass Babys Windeln tragen, und so verbindet unser Denken natürlich das Säuglingsalter und Windeln miteinander.

Was wir hier versuchen, ist zunächst, die extrem wichtige Position der Windel in der Bedürfnishierarchie des Adult Babys zu unterstreichen. Sie steht ganz oben und ohne Windel ist die regressive Babyerfahrung sehr stark eingeschränkt und wahrscheinlich erfolglos.

Schon sehr früh in unserer Forschung haben wir die zwei Hauptbedürfnisse von Adult Babys identifiziert. Diese sind:

1. Von jemanden als Baby oder Kleinkind erkannt und teilweise akzeptiert zu werden
2. In einer Beziehung zu sein, die ein Eltern-Kind-Element beinhaltet

Ein impliziter Teil dieser ersten Aussage ist, dass *wir uns selbst* als Babys oder Kleinkinder anerkennen. Wir akzeptieren, dass es real ist und nicht nur eingebildet oder nur ein Rollenspiel ist. Wenn wir von einem anderen teilweise als Baby akzeptiert werden, wird uns bestätigt, dass wir in der Tat ein Baby sind. Das *innere Baby* in uns ist ein echter und bedeutender Teil dessen, als den wir uns identifizieren.

Es liegt in der Natur der Regression, dass wir in einen Zustand der Kindheit eintreten und ihn wieder verlassen, der von ganz leichter Wirkung bis zu extrem tief und lang anhaltend variieren kann. Und hier finden wir ein weiteres Kriterium, das die Frage der 24/7-Windeln betrifft: die Stärke des Antriebs.

Nicht jedes Adult Baby tickt auf die gleiche Weise. Die Realität in unserem Leben ist, dass einige AB's mit einer ziemlich leichten "Dosis" von Regression gesegnet sind, die das tägliche Leben nur minimal beeinträchtigt. Viele andere AB's haben jedoch viel stärkere regressive Antriebe, die Schwierigkeiten und Störungen und oft ernsthafte negative Auswirkungen auf das Leben verursachen.

Wenn Du zu diesen Menschen gehörst, brauche ich Dir nicht zu erklären, was das bedeutet. Windeln und Babysein dominieren Dein Denken und sind nie weit weg. Du wartest oft nur auf eine Gelegenheit, Windeln zu tragen und in sie „loszulassen". Es ist ein ständiger, nicht enden wollender Antrieb, der die Konzentration und Anstrengung auf den restlichen Teil des Lebens reduziert. Auch wenn es nicht verheerend stark ist, kann es doch eine regelmäßige Ablenkung sein, die Schwierigkeiten und Probleme verursacht, die sonst nicht existieren würden.

Wenn das das Problem ist, was ist dann die Lösung?

Die infantile Regression bei Erwachsenen kann nicht "geheilt" werden. Das gehört nicht zu den Optionen, die uns zur Verfügung stehen. Was wir jedoch haben, ist <u>Management und Milderung</u> - die Möglichkeit, die negativen Auswirkungen zu reduzieren, um das Leben einfacher und angenehmer zu machen.

Und so diskutieren wir jetzt über die Idee, 24/7-Windeln zu tragen, und was noch wichtiger ist... ohne dass jemals ein Ende in Sicht ist.

Es besteht kein Zweifel, dass dies eine große Entscheidung ist. Aber lasse uns einen Moment lang überlegen, wie andere Menschen damit umgehen. Es gibt weltweit Millionen von Menschen, die aus gesundheitlichen Gründen ständig Windeln tragen und dies erfolgreich und kompetent tun, während sie ihr normales Leben weiterführen. Ich will damit sagen, dass das ständige Tragen von Windeln sowohl eine große Sache als auch keine große Sache ist, alles zur gleichen Zeit. Es ist sicherlich etwas, das einige Mühe erfordert, aber Millionen von Menschen machen es jeden Tag erfolgreich.

Viele der eher unsinnigen Kommentare über 24/7-Windeln drehen sich um *"wie cool wäre das denn?"* und *"wie viel Spaß wäre das denn?"*. Es überrascht nicht, dass Leute, die es aus diesen Gründen ausprobieren, sehr schnell wieder aufgeben. Cool" und "Spaß" sind sehr temporäre Erfahrungen.

„Heilung" ist jedoch keine vorübergehende Erfahrung. Genauso wenig wie "Linderung". Wenn man jahrelang chronische Schmerzen hatte und das

---

Tragen einer stützenden Rückenbandage diese vollständig lindert, würdest Du dann zu chronischen Schmerzen zurückkehren wollen? Nein, natürlich nicht. Wenn Du unter Depressionen oder starken Stimmungsschwankungen gelitten hast und eine bestimmte Übung oder ein anderes Programm diese beseitigte, würdest Du es aufgeben? Nein, das würdest Du nicht.

Ich werde jetzt die Frage stellen, auf die ich hinauswollte.

Wenn das Tragen von Windeln rund um die Uhr den unkontrollierbaren und überwältigenden regressiven Antrieb in Deinem Leben massiv reduzieren würde und Dir Glück, Konzentration, Beziehungen und eine bessere mentale Gesundheit zurückgeben würde, würdest Du es tun?

Es ist immer noch keine einfache Frage, weil 24/7 mit vielen Komplikationen und Problemen einhergeht, mit denen wir uns gleich beschäftigen werden, aber ich hoffe, Du verstehst, was ich meine.

Es ist sicherlich nicht für jeden etwas, aber 24/7-Windeln können dem zutiefst regressiven Menschen helfen, die Dinge wiederzuerlangen, die ihn immer wieder im Griff halten.

Wenn wir jung sind, glauben wir, dass wir alles tun können, alles erobern können und für uns nichts unmöglich ist. Das ist einer der großen Irrtümer der Jugend, aber ein wahrhaft erfolgreicher, den ich niemals zu kritisieren versuchen würde. Für zutiefst regressive AB's jedoch vergehen die Jahre und schließlich Jahrzehnte und der Einfluss, den die AB-Regression auf uns hat, wird nicht geringer. Wenn überhaupt, scheint sie stärker zu sein, und sei es nur, weil wir den Willen verlieren, eine verlorene Schlacht zu kämpfen.

Irgendwann in unserem Leben sind wir bereit, das Undenkbare in Betracht zu ziehen, um das Unschlagbare zu bekämpfen.

Und genau, 24/7 ist für viele Menschen diese undenkbare Option. Es ist undenkbar, weil die Gesellschaft Windeln nur für diejenigen akzeptiert, die sie physisch brauchen. Aber was wäre, wenn 24/7-Windeln Dir die emotionale und psychologische Freiheit geben würden, die Dir so lange verwehrt wurde?

In meiner eigenen Erfahrung habe ich von den ersten Lebensjahren an mit einem sehr starken AB-Wunsch gekämpft. Ich war (und bin) ein Bettnässer in großem Maße, weil ich die gesellschaftliche Norm und

Forderung nach nächtlicher Trockenheit nie wirklich verstanden habe. Diese kindlichen Triebe haben eine Menge an Umständen und Schwierigkeiten verursacht, weil diese Triebe zentral für mein Denken waren und langfristig unmöglich zu verdrängen waren. Wegen dieser Bedürfnisse bin ich wieder zum Bettnässen zurückgekehrt, und obwohl mein Bettnässen wirklich zufällig ist, ist es in erster Linie durch meine Baby-Bedürfnisse und die Authentizität, die mir das Bettnässen gebracht hat, verursacht.

Später in meinem Leben entwickelte sich auch eine Blasenschwäche mit Harndrang und gelegentlich feuchter Unterwäsche. Ich weiß, dass es vor allem Stress und andere Schwierigkeiten waren, die dies verursachten, aber aus Frustration begann ich, rund um die Uhr Windeln zu tragen. Diese Veränderung in meinem Leben war gewaltig und doch sehr positiv.

Mein Stresslevel sank rapide. Die fast täglichen massiven Kopfschmerzen waren völlig verschwunden. Mein wirklich unruhiger Schlaf wurde „babyähnlich" - ruhiger und länger. Mein ganzes Leben wurde auf den Kopf gestellt. Meine Stimmung verbesserte sich dramatisch und mein allgemeines Auftreten war viel positiver. Alles, was ich gemacht habe, war anzufangen, 24/7/365 Windeln zu tragen. Und diese Veränderung war augenblicklich.

Im Gespräch mit anderen Menschen haben wir festgestellt, dass auch sie durch das Tragen von Windeln in Vollzeit eine deutliche Verbesserung in ihrem Leben erfahren haben.

Als wir meine eigenen Erfahrungen und einigen Anderen auswerteten, wurde uns eine Reihe von Dingen bewusst.

1. Das Tragen von Windeln in Vollzeit entspricht unserer Baby-Identität. Babys tragen Windeln und wir sind Babys.
2. Durch das Tragen von Windeln rund um die Uhr gibst Du die Kontrolle über Deine Blase auf. Praktisch gesehen ist das Inkontinenz, aber es ist auch wahr,
   dass Du mit 24/7-Windeltragen in die Zeit vor Deinem Toiletten-Training zurückgehst, als ob Du nie auf die Toilette gegangen wärst - wie eben ein Baby.
3. 24/7 Windeln ermöglicht es dem Adult Baby dem allgegenwärtigen Bedürfnis und Wunsch immer und überall auszuscheiden.
4. 24/7 Windeln ist viel einfacher, als man es sich vorstellt.

Lasse mich Punkt Nr. 4 im Detail erklären. In vielen Forenbeiträgen wird diskutiert, wie schwierig es ist 24/7 umzusetzen, und doch tun dies Millionen von Menschen jahrzehntelang oder sogar ihr ganzes Leben lang. Was jedoch schwierig *ist,* ist dabei ambivalent zu sein.

Die Umstellung auf 24/7-Windeln ist schon eine sehr große Veränderung. Du musst eine konstante Versorgung mit Windeln sicherstellen und die Wahl der Windeln unterscheidet sich sehr von dem, wenn Du nur ab und zu trägst. Wenn Du Vollzeit arbeitest, suche nach den besten Windeln, die Deinen Bedürfnissen entsprechen - nicht Deinem Fetisch. Du musst die Windeln wählen, die am besten geeignet sind für Diskretion und Saugfähigkeit, einfaches Wechseln und natürlich auch die Wirtschaftlichkeit beachten. Stoff oder Wegwerfwindeln? Was ist in der Nacht? Wo wechselst Du und wann? Diese Fragen sind nicht mehr optional, sondern ein fester Bestandteil Deiner täglichen Routine. Am Anfang braucht es ein bisschen Mühe und Ausprobieren von Varianten, um alle diese Faktoren zu berücksichtigen. Nach einer Weile ist das Tragen rund um die Uhr relativ einfach und risikofrei. Es braucht nur Planung und Erfahrung, um die Probleme zu lösen. Aber wenn Du diese 24/7-Erfahrung immer wieder mal ruhen lässt, um sie dann wieder aufzunehmen, bringt es Dein Leben ständig dramatisch durcheinander.

Eine Entscheidung aus AB-Gründen für 24/7 in Windeln, sollte eine dauerhafte Entscheidung sein. Es sollte kein Zurück geben, denn der AB-Antrieb wird nicht enden, und wenn Du Dich also für 24/7 entscheidest, um diesen Druck zu lindern, dann sollte es eine dauerhafte Entscheidung sein. Die Vorteile von 24/7 zeigen sich manchmal im Laufe der Zeit und nicht nur sofort. Mit der Zeit wird der Bedarf an Windeln geringer und kontrollierbarer, weil man bis zu einem gewissen Grad desensibilisiert ist.

Inkontinenz ist offensichtlich etwas, das sich irgendwann entwickeln wird, und Du musst Dir dessen bewusst sein. Wenn Du rund um die Uhr trägst und derzeit nicht inkontinent oder ein Bettnässer bist, wird sich dies ändern. Da Du die Windel ausschließlich zum Pinkeln verwendest, wirst Du anfangen, häufiger in kleinen Mengen zu pinkeln, weniger zurückzuhalten und mit der Zeit - vielleicht über mehrere Jahre – wirst Du bis zu einem gewissen Grad inkontinent werden, möglicherweise sogar völlig. Normalerweise wäre das ein massives Gesundheitsproblem und eine große Störung in Deinem Leben. Aber Du trägst ja sowieso schon Windeln, also ist in Wirklichkeit nichts wirklich Schlimmes passiert. Und da Du planst, für immer in Windeln zu bleiben, hat sich nichts wirklich geändert.

Es gibt noch eine Sache, die wir über das 24/7-Windeln tragen sagen müssen, und das ist, dass es 24/7 ist, nicht 22/5 oder 12/4 oder irgendeine Teilzeit davon. Es gibt einen gewaltigen Unterschied zwischen dem Vollzeittragen und dem teilweise Windeln tragen. Das eine ist eine Entscheidung und eine Reaktion auf ein Bedürfnis oder einen Wunsch. Das andere (24/7) ist ein Statement der persönlichen Unmündigkeit und ein Wunsch, ein starkes Verlangen und Bedürfnis in den Griff zu bekommen.

Die Entscheidung, 24/7 zu gehen, ist eine große Entscheidung. Sie bedeutet eine erhebliche Veränderung Deines Lebensstils, denn Windeln werden IMMER dabei sein. Wickeltaschen, Windelvorräte, wechselnde Orte und Zeiten und mehr sind Teil des Problems. Sie alle können mit gutem Management, Planung und ein wenig Zeit gelöst werden. Wir können nur feststellen, dass für einige zutiefst regressive ABs 24/7-Windeln die schwer greifbare Kontrolle und Minimierung eines lähmenden Wunsches und erdrückenden Bedürfnisses sein können.

Michael und Rosalie Bent 2017

www.abdiscovery.com.au